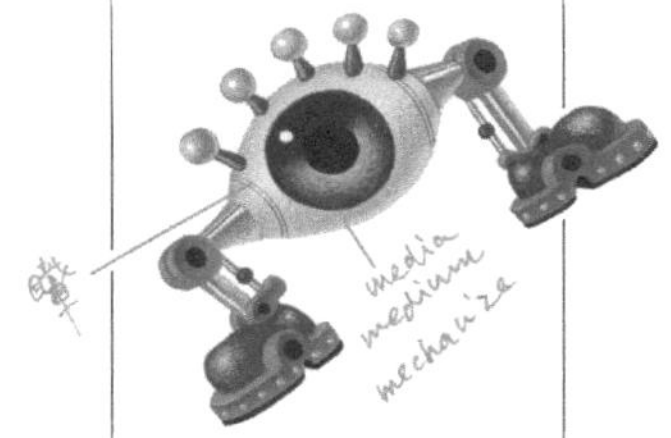

知の編集術

発想・思考を生み出す技法

松岡正剛

講談社現代新書

編集はめっぽうおもしろい

顔や人物というものは、内部の、外部の、たえまない動き以外のものではない。それらはたえずつくりなおされている。

……アルベルト・ジャコメッティ

はじめに――知の愉快・方法の冒険

本書でつかう「編集」という言葉はとても大きな範囲につかわれています。ふつうは、新聞や雑誌や映像の編集者がしている仕事を「編集」というのですが、ここではそういう狭い見方をしていません。編集をうんと広くとらえている。どう広いかというと、人間が言葉や図形や動作をおぼえ、それらをつかって意味を組立て、人々とコミュニケーションをすること、そのすべてに編集方法がいろいろ生きているとみなします。だからふだんの会話にも編集があるし、学問にも編集が動いているし、芸能や料理もスポーツも編集されているというふうに見るわけです。

ただし、そのような編集の方法はふだんは自覚されていないことが多い。われわれは歴史が培ってきた編集の成果に甘んじていて、それを享受するばかりになってしまっているからでしょう。それはそれで便利なのですから、そうやって生活していたり仕事をしていてもかまわないのですが、けれども、いったん何かことがおきると、そうもいっていられません。

たとえば、われわれは日々の中で自分の体のメカニズムなど気にもしていないのですが、ちょっと病気にかかったりすると、急に腕の肘のつくられかたや脾臓の役割を知りたくなります。また、ふだんは法律のことなど気にしていないのに、家を買ったり相続問題がおきたりすると、本屋で入門書を買ってきてでも、なんとかその事情を知りたくなる。そうすると、そこにはいろいろな「しくみ」があることがわかってきます。

そういう「しくみ」は、これまで長い時間をかけて編集されてきたものです。そして、それらの多くは専門化されてきました。

だから、病気や法律のことならば医者や弁護士のところへ行けばいいともいえるのですが、そうもいかないことも少なくありません。手紙を書いたり、スピーチをしたり、交渉をしたり、部下を育てたり、さらには自分の進路を決定したり、俳句をつくったり、恋に落ちて悩んだり、自分で編集しなければならないこともたくさんあるのです。それには情報に歯向かうことも必要になります。

たとえば、海外旅行。旅行代理店にいっさいをまかせるならともかく、友達と一緒にパリやニューヨークに初めて行くとなると、いろいろ情報を集め、現地の事情をしらべ、コースを組み立て、時間割から費用配分まで自分たちでやってみることになります。そうすると、だいたいのことがアタマに入ります。これが「編集」なのです。そしてケネディ空港に降り立ったときから、一人ずつの生きた編集が始まっていきます。

われわれはつねに情報にとりかこまれて生活をしています。

その情報には、「あれが鰯雲、これがシダ植物、それはキリギリス」というふうに、自然界で目に見えているものもあれば、葉書の文面、新聞の紙面、学位論文、複式簿記、楽譜、数学の方程式のように、いったん何かの言語や記号におきかえられていて、それを読みこまなければならないものもある。

古代ローマ遺跡やボッティチェリの絵や宇宙ロケットといったものも情報のカプセルです。また、ベートーベンの交響曲、三島由紀夫の小説、ドリームズ・カム・トゥルーの曲も情報です。これらにはすでにいろいろな情報が組み立てられ、仕込まれています。つまり編集されている。だから、これを見たり聞いたり読んだりするには、その情報を逆にたどって〝解凍〟することも必要になってきます。

歴史も情報です。古代や中世のことなど見た人はいません。しかし、当時の記録には出来事やその感想が綴られている。それも当時の人々による編集でした。それをさらに歴史家が編集してきた。そのくりかえしです。

人間の「しぐさ」もりっぱな情報です。誰かと話をしていて、相手がうれしい顔をしたか、いやな顔をしたかということは、会話の進行にとって大きなはずみですし、それによって会話の内容がどんどん進んだり、停滞したり、打ち切られることにもなる。そういうしぐさによる情報的な暗示性を最初から仕組んでつくられたのが、演劇や映画やマンガというものです。これらはいずれも編集術の宝庫です。

このように、われわれのまわりにはさまざまな情報がいっぱい満ちていて、その情報がハダカのままにいることなく編集されているのですが、では、どのように編集されているかというと、これがなかなか取り出せません。

そこで、これらをいくつかまとめて取り出して、その取り出した方法をさまざまな場面や局面にいかすようにしてみようというのが、「編集術」になります。また、そのようなことをあれこれ研究して、そのプロセスを公開することを「編集工学」（エディトリアル・エンジニアリング）といいます。

そもそもすべての情報はなんらかのかたちに編集されています。法のかたち、スポーツ・ルールのかたち、音楽のかたち、テレビ・ニュースのかたち、学校教育のかたち、科学法則のかたち。われわれは編集世界というものの中で生きているのです。しかし、このような情報を、われわれにとって必要なものとするには、それなりの方法が獲得されなければなりません。

このように、あれこれの情報が「われわれにとって必要な情報」になることを、ふつうは「知」といいます。情報をそのような「知」にしていくことが編集なのです。新聞や雑誌や映画の編集者がしていることも、そういうことです。

実は、二十一世紀を前にして社会全体は大きな再編集時代をむかえています。いまや銀行はかつての銀行ではなく、テレビとコンピュータはだんだん相乗りにむかい、学校教育にすら総合学習が求められている。そこへもってきて、スーパーやコンビニが普及し、携帯電話が子供におよび、インターネットが広がっている今日では、いよいよ一人一人による各自の編集力が急速に要請されるようになってきているのです。

たとえばゴミの分別を各自がしなければならないということは、これまではたんに「ゴミ」とよんできたものからひとつずつ「情報」を読みとらなければならないということであり、それを専門家や代理店にまかすのではなくて、自分で情報編集をするということなのです。こういうことを政治家たちはまとめて「自己責任」といっていますが、むしろ「自己編集」といったほうがいいでしょう。

本書では、そのような編集方法の基礎をできるかぎり自由に案内したいとおもっています。人生、そのほうがずっとおもしろい。どのようにおもしろくなるか、それは本書を読みすすむうちにだんだんわかってくるとおもいます。本書は自分で「知」を動かすための入門書です。では、次のことをなんとなくアタマの片隅において、読みすすんでいってください。

1．編集は遊びから生まれる
2．編集は対話から生まれる
3．編集は不足から生まれる

1．編集は照合である
2．編集は連想である
3．編集は冒険である

目次

第1章 編集は誰にもできる

青春という字を書いて
横線の多いことのみ
なぜか気になる
……俵万智

通訳名人と編集名人

ロシア語通訳者の米原万里さんはエリツィン大統領の通訳兼お守り役としても有名である。そのあまりの名人ぶりに大統領は感きわまったのか、成田を発つときに彼女の顔をまじまじと見つめて「最後にひとつだけ頼みがある」と言ったらしい。米原さんが「何ですか」と聞くと、「キスさせてほしい」。

エリツィンもなかなかのスジモノのようだが、米原さんは女帝エカテリーナに匹敵する〝エッ勝手リーナ〟と自称するほどの美女だから、こんな男の好き勝手にはさせなかった。ちょっと横を向いて頬だけ出した。

通訳名人の米原さんは文章を書いても名人で、最初の著書だった『不実な美女か貞淑な醜女《ブス》か』はすぐに読売文学賞をとり、二冊目の『魔女の1ダース』は講談社エッセイ賞に輝いた。それにしても『不実な美女か貞淑な醜女か』とは、なんとものすごいタイトルだ。こう正面きって突きつけられると、たいていの男はグラグラとする。一瞬、どっちがいいかなどと過去をふりかえったり、そしてそんな思いに耽っている自分にハッと気がついて顔を赭らめ、そんな質問に乗ってはいけないのだと気をひきしめる。

が、彼女がこのタイトルにこめたハムレット的な意味は、通訳というものは「不実な美女」のように見た目にも美しく訳すべきなのか、それとも「貞淑な醜女」のようにヘタクソでも内実を背負って訳すべきなのか、それがto be or not to beの問題だということにある。この本は情報文化をめぐる闘いの報告なのだ。そしてこのタイトルを裏切ることなく、そのハムレット的問題が次々に展開し、異文化コミュニケーションに関する不実と貞淑をめぐる絶妙なエピソードが次から次へと披露される。

たとえば、日本のマッチョ政治家が言いそうな「他人のふんどしで相撲をとる」という言葉を、ロシアふうに「他人のパンツでレスリングをする」と訳した。うまく訳せたぞと思ったものの、どうもその場にいあわせたロシア人には名状しがたい不潔感しか残らなかったとか、これも日本人がよくやる言いまわしだが、「社会民主主義と民主社会主義がどう違うのかは、カレーライスとライスカレーの違いのようなものでありまして云々」といったエライ先生の発言のくだりを、先輩の通訳者が「ハムエッグかエッグハムか、というふうに」とすかさず訳したので感服したとか、そういう話が連続する。

米原さんの本を読むうちに、編集術の奥義の一端は同時通訳に生きているということをずっと感じていた。相手が属する文化に踏みこんで、ふさわしい言い方を発見しなければ通訳なんて成立しないということが、私がながらく考えてきた編集という方法にぴったりあてはまっていたからだ。

のちのち詳しいことは説明するが、編集という方法はそうとうに広い領域にまたがっている。雑誌や書籍の編集だけが編集なのではない。

編集には、そもそも人間の認知活動から表現活動までが、記憶のしくみから知識の組立てまでが、また、メディアによる編集のあれこれからコンピュータ・ネットワーク技術による編集までが、ほぼすっぽりふくまれる。これらのことを研究したり開発する分野を総称して「編集工学」(Editorial Engineering)という。

編集工学では、人間の意識や認識も編集の対象になるし、国や組織やスポーツや音楽も編集の対象になる。遊びやゲームもスポーツも編集であり、法や契約や外交も編集のやりかたに負っているとみなす。ようするに言葉と記憶の発生から、その交換のプロセスをへて、それらの組織化やシステム化までが、すべて編集の仕事にふくまれていて、それぞれ編集工学の研究の対象になる。

編集の裾野はそれくらい広いのだが、それを一言でいうのなら「コミュニケーションの充実と拡張に関する方法」というものだ。

このように編集という方法はとても広い領域を覆っている。汎用性が高い。それだけに、この方法を案内するにあたっては、いくつかの入口を知っておいてもらうのがよい。それはすべてコミュニケーションの根本にかかわるものばかりであるが、とりわけ次の三つが入口の特徴になっている。

（1）編集は「文化」と「文脈」をたいせつにする。
（2）編集はつねに「情報の様子」に目をつける。
（3）編集は日々の会話のように「相互共振」をする。

このことがどういうことを意味しているかを、これから順にほぐしていきたい。まず「文化」と「文脈」を編集するということを説明しながら、だんだん編集術の中身に入っていくことにしよう。

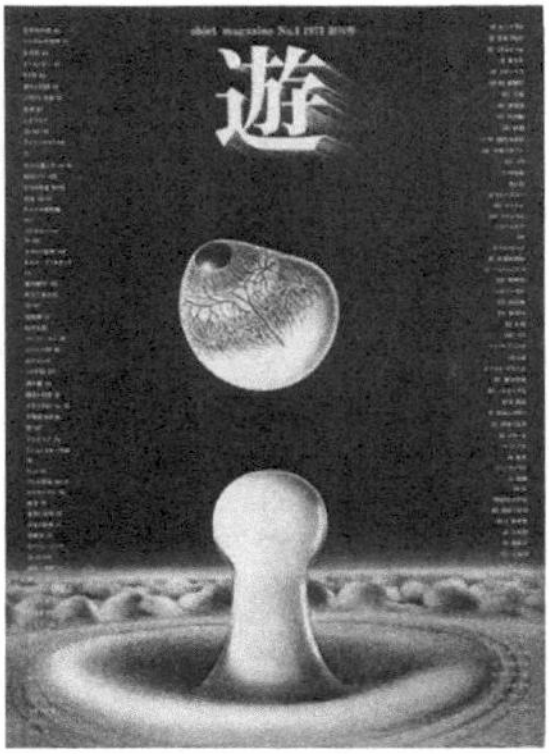

01『遊』（工作舎）創刊号表紙
デザイン・杉浦康平

文化と文脈を編集する

私が「編集」にめざめたのは、一九七一年にオブジェマガジン『遊』という雑誌を創刊してからのことである（図01）。このとき編集方針としたことは、「理科系と文科系をまぜこぜにする」というものだった。これを当時は「遊学する」とよんでいた。

で、何が「遊学する」かというと、たとえば物理学と民俗学といったような、互いにまったくあいいれないような二つの領域を対角線や補助線をつかって結び合わせようとしていた。これは当時、私淑していた湯川秀樹さんが素領域理論の話のあいまに荘子や芭蕉の話をさかんに織りこむのを、京都下鴨の応接室で何度も聞いているうちに、これに自分でも挑戦してみようとおもったのがきっかけだった。

そのうち、自分の仕事は二つ以上の文化をまたぐための編集をすることだという気になってきた。これが「理科系と文科系をまぜこぜにする」ということだった。異分野を相互にまたぐ文化上の双方向コミュニケーションをおこそうということである。

ここでいう「文化」とは、文化人類学者が大上段に定義するようなしかめっつらの文化ではない。また、異文化をまたぐといっても、ナショナリティや言語のちがう二つ以上の文化の仲人をしようというわけではなかった。

私がまたぎたかった文化というのは、もっとカジュアルで、必ずしも国別・民族別・言語別の文化だけをさすものではなくて、もっと身近で誰もがわかる文化感覚のことをさしている。よく「氏より育ち」というけれど、その育ちの文化、いわば「習慣化された情報文化」とでもいうものである。最近では、こういうふうに文化をとらえて研究することをカルチュラル・スタディーズという。

文化は伝承されるものである。感染もする。何が文化のウィルスかはわからないが、色黒《いろぐろ》が流行したかとおもえば、美白《びはく》の流行になったりもする。そのため、このような時代と世代をこえて伝わる文化的なるものの伝承性や波及性を、最近は「文化遺伝子」とか「ミーム」（meme）ということがある。

ミームとは生物情報をあらわす遺伝子（gene）にたいして、意味を伝承する文化情報をあらわすためにつけられたネーミングで、イギリスの行動生物学者リチャード・ドーキンスのアイディアによる。私はこれを「意伝子」と訳してみた。

世の中にはいろいろのミームがとびかっている。方言のミーム、味付けのミーム、お辞儀のしかたのミームなどといった習俗や伝習のミームもあれば、書風のミームから宇多田ヒカルの歌い方におよぶような先人追従型のミームもある。

あるいは、プラトンのミーム、李白のミーム、セザンヌのミーム、ガンジーのミーム、司馬遼太郎のミームといった思想や行動のミームもある。そのほか、アーサー王伝説のミーム、茶の湯のミーム、民主主義のミーム、黒人のミーム、コカ・コーラのミーム、読売ジャイアンツのミーム、『ブレードランナー』のミーム、マッキントッシュのミーム、そのほかもろもろのミームがありうる。資生堂は一九九八年に百年以上におよんだ同社の歴史を展示するにあたって、「美と知のミーム展」と名付けたものだった。

こうして、編集術はミームがとびかう文化の放射圏渦中に果敢に介入するのだが、それとともに、編集は「文脈」（context）を重視する。通訳も一字一句にこだわると、かえって文脈を見逃してしまう。

ふつうは文脈というと、文章に書かれた意味の流れをさすことが多い。けれども私は文脈をもっともっと広くみていて、会話や出来事や状況に流れている情報的な脈絡をすべて「文脈」とよんでいる。この文脈をできるかぎり生かした状態で編集をすることがたいせつなのである。

句読点を動かしてみる

文脈はいろいろな場面にあらわれる。

ストーリーが決まっている小説や映画だけに文脈があるわけではない。旅行にも文脈があるし、恋愛にも文脈がある。料理だってレシピという文脈を守らないととんでもない味になる。レシピは味の文脈をつくるための編集術なのだ。ビジネスも文脈をひとつまちがえればまとまらない。ビジネス・ノウハウなどといわれているのがそれだ。

このように旅行も恋愛も料理もビジネスも、必ず文脈というものが意識され、編集されている。だから文脈は、企画をたてるときにも段取りをつけるときにも、事態のアトサキにも事件の経緯にも、さらには思い出にも印象にもあらわれる。とくに思い出は、文脈がほろ苦いままに結晶化してしまっているほどである。何かが順番におこっていれば、そこにはたいてい文脈があるといっていい。

テレビ番組をとってみても、勝手にふざけあっているようにみえるバラエティ番組ですら、かなり複雑な文脈で構成されていることがわかる。

明石家さんまのような進行役がいて、これに女子アナほかのサブがつく。ゲストは次々に出てきたり、あるいは最初から何人かがネームプレートとともに並んでいる。その出演者すべてのうち、誰がボケで誰がツッコミかはほぼ決まっている。それをさんまが右に左に上に下にふりながら、二分に一回以上のタイミングで爆笑を誘導する。だいたいお笑いそのものが〝文脈の芸〟なのである。落語にマクラとオチがあるのは、そのなによりの証拠だ。それがちょっとでもズレたりノビたりすれば、笑いはまったくおこらない。

しかし、そのような何事にもひそむ文脈というものを、与えられたとおりに受けているだけでは、おもしろくない。だんだん退屈になる。会社員が鬱屈してくるのはそのせいだ。

会社が用意した文脈にも、自分がやる仕事の文脈にも、まったく変化がないせいだ。日記に書くことがいつも同じではつまらない。

そこで文脈の編集を自分でやってみる。変化をつけてみる。隠れた文脈を発見したり、新たな文脈を挿入してみるわけである。私がとくに勧めるのは、新たな句読点を打ってみることだ。

句読点を打つという言葉を、いま私は比喩的につかったのではない。編集はまさに句読点を打つことに始まっている。

そこで、さっそく編集術の最初の〝実習〟に入ることにするが、次のかんたんなエクササイズをやってみてほしい。本書ではこのように、ときどき突然にエディトリアル・エクササイズが入る。あしからず。これを【編集稽古】という。集中的な【編集稽古】は第六章に待っている。

【編集稽古】01 どこかに、こんな文章が掲げられていたとする。これに句読点を打って、二つの意味をもつ文脈にしてほしい。

A　ここではきものをぬいでください
B　いやよして

Aを「ここで、はきものを、ぬいでください」というふうに句読点（読点）を打てば、これは履物を脱ぐのだから玄関の貼り紙になる。それでちっともおかしくはない。ところが、これを「ここでは、きものを、ぬいでください」と句読点を打つと、このまま玄関に貼っておくのはやめたほうがいい。急に着物を脱げというのでは、来客がギョッとする。どうしても貼りたいならイメクラかソープか、あるいはお風呂屋の脱衣場に貼るべきだ。

Bも似たようなもので、「いや、よして」と句読点を打てばごくふつうだ。「やめてください」という意味になる。が、「いやよ、して」と区切ってみると、これはただごとではなくなってくる。やめてほしいのか、してほしいのか、すぐにはわからない。男性はつねにこの句読点に迷わされ、そして騙されてきた。

こうして文脈というものは人を迷わせたり、興奮させたり、納得させたり、失望させたりする。句読点の打ち方ひとつで、まったく意味がひっくりかえることがあるわけだ。ようするに文意が変わってしまう。

そこで編集術ではつねづね文脈に気をつける。単語が並んでいれば、それで一応の情報が成立しているとはかぎらないということだ。情報の並び方、すなわち句読点の打ち方によって意味が動いていくことに注意する。

編集工学では、このようなことを「情報は文脈でできている」あるいは「文脈は分節でできている」とよんでいる。分節（articulation）というのは文脈をつくる情報の切れ目の単位のことである。

以上のように、編集術ではまず、①情報の海に渦巻く「文化」を相手にしているということを、次に、②情報を構成している「文脈」を相手にしているということを、たいせつにするわけである。これが第一の入口の特徴である。

「情報の様子」に目をつける

次には、第二の入口の特徴にあげた「編集はつねに『情報の様子』に目をつける」ということを、いくつかの角度から説明しておこう。

ここで「情報の様子」といっているのは特別なことではなく、むしろちょっとしたことである。たとえば「しぐさ」や「くせ」のようなもの、そういうものに編集術の大きなヒントが隠されている。

しばしば情報編集はおおげさなものとおもわれがちである。とくにコンピュータが発達してきたので情報処理も大がかりになっていることも多い。が、その一方で誰でもインターネットで世界の情報を引き出せるようになってくると、今度はそれをどう編集しておけばいいのか、洪水のような情報の量にとまどってしまう。そして「なんとか整理法」のような本を焦って買うことになる。が、実は、情報の整理や編集には整理法などというものよりも、「情報の様子」がヒントになることが多いのである。

もともと編集には「堅い編集」と「柔らかい編集」がある。

「堅い編集」はハードウェアタイプの編集で、これは印刷やVTRやコンピュータの機能やその属性をいかした編集をいう。たとえばスローモーションをつかった映像編集は、その機能がカメラや再生装置の技術にもとづいていることによって成立する。それがなければスローモーションは絶対に映像化できない。

これにたいして「柔らかい編集」はソフトウェアタイプの編集で、人間の感覚や知覚や言葉やしぐさや行動によって何かが理解されたり伝わっていくことをいう。また、それらをあらわしたメディア上の編集行為をいう。

もうすこし端的にいうと、「堅い編集」は機械的で、最近の技術でいえばデジタル型であるものをいう。これにくらべて「柔らかい編集」はアナログ的なのだ。つまり人間っぽい。ほんとうはここでデジタル型とアナログ型に分けるというのはいいすぎなのだが、話をひらたくするためにこういう説明にした。だいたいニュアンスはわかってもらえるのではないかとおもう。

もっとわかりやすい例でいえば、マンガだ。マンガというものは紙とインクと印刷といったハードウェアをもとにしているが、輪郭線、簡単な顔の表情、背景、吹き出しの中のセリフ、それに「ぎくっ」「どきどき」「ジワジワ」「ゾーッ」「しーん」といったオノマトペイア(擬音の視覚的な表現)などの、たいそう簡素だが、ペン先でどうにでも豊かになるソフトウェア技法を駆使してつくられている(図02)。つまりアナログ型の表現に徹している。コマ割といったややハードっぽい作業すら、長短ななめの線を駆使して、手で線引きされている。私はいつもそうしたマンガ家の表現力と編集力に感心しているのだが、本書では、そのような技法に注目したいということで、それを「柔らかい編集」とよびたいのである。

おいおいわかっていくとおもうが、編集の基本的な技法のひとつに「情報の地と図をつくる」ということがある。

「地」(ground) というのは情報の地模様のことで、「図」(figure) というのは情報の図柄のことをいう。情報といっても、そこには地模様もあれば図柄もあって、これらが組み合わさって情報になっている。

たとえば原子力発電の事故という事件があるとすると、その事件には地模様としての事件の土台にあたる原子力発電がそもそもかかえている問題と、図柄としての事件当時の問題とがまじっている。これをちゃんと分別しないと事件の原因もわからないし、情報とし

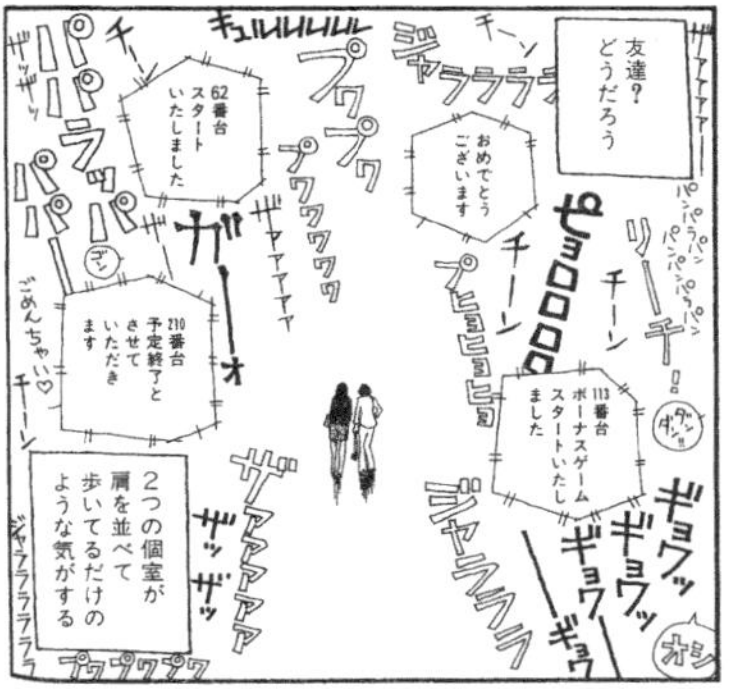

02 上／©安田弘之『ちひろ』
下／©うえやまとち『クッキングパパ』
（ともに「週刊モーニング」1999年11月11日号）

ても混乱する。原子力発電所の機構の問題と、それを操作する所員の問題とは分別しなければならない。だいたいどんな事態や現象も、このように情報の地と図がまじっておこっている。そこで、それをどのように取り出すかということにあたっては、その地と図を分けておく。

というわけで、「情報の地と図をつくる」ということが大事になるのだが、これはいまのところハードウェアタイプのデジタル型の機能では分別できないことが多い。そこには人間の目や知が必要になる。身近な例でいえば、育児である。

育児には、まずもって基本的な育児に関する「地の情報」が必要だ。この「地の情報」はお母さんが出産以前から勉強をしてアタマに入れておく必要がある。しかしいざ出産してみると、実際の赤ちゃんのいろいろな「しぐさ」に「情報」が読みとれなければ育児は成立しない。赤ちゃんのしぐさはとても微妙だが、そこになんらかの特徴を発見できなければ母親は失格だ。これは「図の情報」なのである。お母さんは自分の子供を通して、このような「図の情報」を読み取っていく。

このように「しぐさ」や「くせ」にも、それなりの編集的契機というものがひそんでいるものなのだ。私はこれをこそ「情報の様子」とよぶ。

ごく最近、ピーター・コレットは『ヨーロッパ人の奇妙なしぐさ』のなかで「イギリス人はなぜ何もしていないときにおちょぼ口になるのか」という、日本人からすればどうでもいいことなのだが、イギリス人にとってはすこぶる重大らしい難問を解いてみせた。では、日本人はどうなのか。どんな「くせ」をもっているのか。

【編集稽古】02 日本人はすぐ「すみません」を連発する。「ありがとう」は「有り難きしあわせ」の省略形で、めったにおこらないことを感謝している意味であるが、「すみません」はどんな本来の意味をもっていたのか。

【編集稽古】03 小指を一本立てる「しぐさ」の意味は各国で異なっている。日本や韓国では「彼女」をさすことが多いが、では香港、インドネシア、タイ、インド、中国、ナイジェリア、そしてアメリカではどのような意味をもつとおもうか。

日本語の「すみません」は「澄みません」あるいは「済みません」である。その場の空気を乱して澄まなくなったという意味でもあるし、やるべきことが済んでいないという意味でもある。「さよなら」は「左様ならば失礼つかまつる」が原形で、それが「さようならば→さよなら」と省略されていった。

こうした本来の意味がだんだん別の意味になったり、省略されていくことにも文化や文脈における「編集の進化」というものがある。

【編集稽古】03は金山宣夫『世界20カ国ノンバーバル事典』（研究社出版）に取材した。同じ小指をたてる「しぐさ」にも所変われば意味も変わる。次のようになっている。

香港＝最後の・貧乏な　**インドネシア**＝小さい・幼い　**タイ**＝友情・仲直り
インド＝トイレにいきたい・小便　**中国**＝つまらない・こわれた
ナイジェリア＝賭けようか　**アメリカ**＝めめしい男

海外旅行をしたら、めったに小指など立てないことだ。そのまま帰れなくなることもある。いずれにしても、こうした行動のくせには、必ずや「柔らかい編集」がひそんでいるはずなのだ。

会話の中にあらわれている編集術

さて、第三の特徴にあげておいたのは「編集は日々の会話のように『相互共振』する」ということだ。相互共振というのは、編集という動向は単独で律しているのではなく、つねに何かと呼応したり、交信しているということをあらわしている。「日々の会話のように」というのは、まさに会話の中には編集術が躍動しているという意味だ。その会話のことをちょっと考えてみよう。

われわれは、毎日毎晩、会話をしている。他人の会話を聞いているときもある。テレビのワイドショーにこれだけ視聴者がついているということは、人間は他人の会話を盗み聞くのがいかに好きかという証拠でもある。ともかくなんであれ、われわれは日々の会話環境によって膨大な時間をつかっている。一説には人生のほぼ半分は会話で占められているらしい。

もともと各民族の言語には「発話のための言葉」と「記述のための言葉」があった。フランス言語学ではこれをパロールとラングという。おおむねは口語体と文語体にあたる。この区別はけっこう古くからあって、古代インドでも早くから口語のプラクリットと文語のサンスクリットに分かれていた。日常のためのインフォーマルな言葉と法律などを決めるためのフォーマルな言葉という分けかたである。暮らしの言葉と決めごとの言葉のちがいだとおもってもよいだろう。日本でもながいあいだ、フォーマルなときは漢文を、カジュアルなときは和文をつかってきたものだった。会話はこのインフォーマルでカジュアルな言語として発達していった。

日常会話はべつだん雄弁である必要はない。編集術としても、なにげない会話が題材としておもしろい。たとえば、こんな会話があるとする。


「ねえ、おなかすかない?」

「うん。何かある?」

「ううん。どこかに食べに行く?」

「近く?」

「クルマ」

「和食? イタ飯? ああ、この前オープンしたラーメン屋」

「オーケー。外、ちょい寒《さむ》だよ」


おなかがへったので何かを食べに行こうか、という会話だ。誰もが一度や二度は体験しているごくふつうの会話だし、言葉もやさしい。けれども、たったこれだけの二人の会話にもかなりの情報が急速に選択されている。

まさに編集とはこういうことなのだ。

情報を相互的に共振させながら内容を好きな方向に進めていくこと、ここが編集の核心であり、編集の第三の入口なのである。

もちろん、この程度の会話ではいちいち言葉は選ばれているはずがない。言葉は無意識のようにスラスラと出る。それでも、そこには立派な編集が生きている。なぜ、そんなことができるのか。生きた状況の中の会話であるからなのだ。仮に、同じ内容を一人でつぶやいてみようとすると、これはまったくうまくない。どうしてもできるようになりたければ、〝なんちゃっておじさん〟になる以外はない。つまり一人でつぶやいても恰好がつかないので、一区切りついたところで、「なんちゃって」と入れるのだ。

実は日常会話には、もともとこの「なんちゃって」がたくみに入っている。そして「なんちゃって」に代わる多種多様な言葉の言いまわしというものが、会話の構造を決定づけている。

これは実験してみるとすぐわかる。私の所属している編集工学研究所ではよくそういうことをするのだが、所員があれこれ雑談をしているところをビデオに撮って、これを本人をふくめて再生をしながら、「えー」「あのー」「まあ」「それでね」「だよね」など、話しっぷりの「くせ」を見る。ついで、その「くせ」を封じて本人が同じ内容をしゃべろうとしてみると、これがなぜか、まったくうまくいかないのである。

それゆえ、そこには情報編集の基本的な方法がいくつもいかされていて、私のような者には参考になることが多い。

ちなみに、コンピュータのプログラムでアルゴリズムとよばれているのは、この「なんちゃって」を何回、どのように入れるのかという計算構造をつくることをいう。

小説の中の会話

では、もうひとつ。次のような会話はどうだろうか。

「どうしましたか」と僕は訊いた。

「いや、ただ、君はひょっとしてキティの知り合いかな、と思って」

「キティ?」と僕は言った。「そういう名前の知り合いはいませんね。キティなんていう人、いままで一度も会ったことがないな」

「君はキティと同じシャツを着ているんだよ。それで何となく彼女とつながりがあるんじゃないかと思ってね」

これは現代アメリカ文学を代表するポール・オースターの『ムーン・パレス』(柴田元幸

訳）の、ごく最初のほうの一節だ。

シャツを着た男に別の男がそのシャツのことを訊いた。そのときキティという女性の名前を出した。が、相手はキティを知らないという。けれどもそのシャツの柄はキティが着ていたシャツと同じだった、そういう話である。

たったこれだけの、わずか数行の会話だが、この会話で読者には「僕とキティと彼」になんとはなしに奇妙な過去があるように見える。しかも彼女のシャツを通して二人ないしは三人の「あいだ」さえ気になってくる。うまいものだ。それもそのはずで、オースターは「あいだ」の文学の王者なのである。

【編集稽古】04　ここに、ある小説の冒頭部分が掲げられている。この短い会話からどんなことが想像できるだろうか。

「葬式はどこでやるんだろう？」と僕は訊ねてみた。

「さあ、わからないな」と彼は言った。「だいいち、あの子に家《うち》なんてあったのかな？」

（村上春樹『羊をめぐる冒険』より）

友人からの電話だ。そうとうに短い会話だが、それでもこれだけで「あの子」が死んだことがわかる。それが急な出来事だったろうことも、わかる。

それに、「あの子に家なんてあったのか」というセリフが、これからの物語のすべてを暗示する。実際にも、読者はこのあとただちにムラカミ・ワールドに連れ去られていくことになる。詳しくは〝原作〟を読まれたい。

このように「話す」「会話する」という流れには、かなり高次な編集がおこっている。それが可能になっているのは、会話をしあっている互いが自分たちが所属している文化と文脈をよく知っているからなのだ。また、互いの「情報の様子」を心得ているからだ。相互共振があるからだ。

ただ、われわれはどうしてそのように会話が成立してきたのか、そこにどんな手法が生きているのか、それはどのような編集方法なのか、そのことに気がついていないだけなのである。

本書は、以上のように誰もが何の気なしにやっている「編集」という方法にいろいろな角度から光をあてる。そして、そこからわれわれが仕事をしたり考えたりするうえで参考になりそうなヒントをあれこれ引き出そうというものだ。

もっとも『知の編集術』などという、いささか実用書のようなタイトルがついているために、梅棹忠夫さんの『知的生産の技術』や野口悠紀雄さんの『「超」整理法』のようなノウハウを期待される読者も多いかもしれない。

それはおおいに期待してくださって結構である。そういう面もある。ただし、編集術は整理術ではない。情報を創発するための技術なのである。

創発とは、その場面におよぶと巧まずして出てくるクリエイティビティのようなものをいう。あらかじめ準備しておく編集も大事だが、その場に臨んでますます発揮できる編集力、それが私がいちばん重視する創発的な技術というものだ。本書はそのへんの感覚の重要性について、なんとか工夫をして伝えてみたい。

また、本書はノウハウを案内することだけが狙いではなく、この一冊を通して「編集的世界観」というものがありうることも伝えたいとおもっている。できれば読者もそのつもりで読んでいただきたい。

乱世をどう編集していくか

さてさて、大混乱のままに日本は二十一世紀を迎えようとしている。

これは久々の乱世なのかもしれない。それなら大いなるチャンスであろう。私だけが風邪気味なのかもしれないが、たいへんぞくぞくする。乱世であればこそ新たな発見に向かう可能性があるからで、少なくとも「経済大国」とか「生活大国」などと嘯《うそぶ》いているより、また不景気や教育低迷を嘆いているより、ずっとおもしろい。

ただし、世の中をおもしろくするのは、そうかんたんではない。いささか工夫をする必要もあるし、反省をする必要もある。そして、こういう問題を議論するにも編集術は必要になる。実用篇に入る前に、そのあたりのことについて少しだけふれておきたい。


私は二十一世紀は「方法の時代」になるだろうと考えている。ここで「方法」といっているのは、「主題の時代」ではないという意味だ。

すでにわれわれは二十世紀においてだいたいの主題を提出し、その展開が意外にも難題をたくさんかかえていることを知った。たとえば平和、たとえば教育問題、たとえば安全保障、たとえば経済協力、たとえば環境保全、たとえば飢餓脱出……。これらは地球上のどんな社会にとっても、いまや最も重要な主題として認識されている。加うるに「地球にやさしい」「子供は創造的な環境にいたほうがいい」「市場は自由な競争がいい」といったことは、まるで「亭主元気で留守がいい」「お酒はぬるめの燗《かん》がいい」とばかりに、おおむね二十世紀後半の大前提になった。

しかし、事態はけっしてうまくは進んでこなかった。誰だって戦争は危険なもの、爆撃は危険なものだとおもっているけれど、戦争はなくならないし、経済恐慌は避けたほうがいいとはわかっているが、どの国だって好景気はなかなか続かない。亭主も元気でいるとはかぎらない。

つまりどのような主題が大事かは、だいたいわかってきて、ずらりと列挙できているにもかかわらず、それだけではけっしてうまくはいかなかったのである。それゆえ、おそらく問題は「主題」にあるのではない。きっと、問題の解決の糸口はいくつもの主題を結びつける「あいだ」にあって、その「あいだ」を見出す「方法」こそが大事になっているはずなのだ。

実は、こんなことはソクラテスや荘子やブッダの時代、すなわちヤスパースが「枢軸の時代」とよんだ紀元前六世紀頃には、だいたいわかっていたことだった。

かれらはめんどうくさい議論や学習をするよりも、人間には事態に応じた知恵があればいいのだと教えてくれた。しかもすべての出来事は、善悪であれ、貴賤であれ、都鄙《とひ》であれ、たいていは表裏の関係にあるということも断言してくれた。ただ、このような達観をもっていた人物の考えかたの大半は宗教や心の問題になっていった。そしてキリスト教・

イスラム教などの一部の宗教をのぞいて、実践面から遠のいていった。

それに、かれらにもまったく見えていなかったこともあった。それは産業革命と国家による地球分割と資本主義の肥大化という出来事である。これはわからなかった。こういう極端な体験をしてみるまでは、われわれには宗教でも解決できないことがあるということが見えなかった。こういうことがかなり劇的にわかってきたのは、ヨーロッパではエリザベス一世の、日本では信長のころだ。二人はたった一歳ちがいの関係にある。エリザベスがお姉さんである。

何が見えなかったかというと、「社会の矛盾の大きさ」がわからなかった。そしてこれに対応していくことが良くも悪くも「近代の体験」というものになっていった。

しかし、近代の体験で知った矛盾の大きさを克服するには、次の二十世紀の百年だけではどうも足りなかったようだ。なにしろ二十世紀最初の半分は二度の世界大戦をおこしていたのだし、そのあとは資本主義と社会主義とが冷たい戦争をやっていた。あるいはまた、〝第三世界〟が近代を追体験し、そうでなければ飢餓と差別と圧政とが渦巻いていた。それもスターリン時代がそうであったように、各国とも外からよく見えないようになっていた。最近になってやっと、あれこれの矛盾がズラリ横一線にならび、みんながうーんと唸るようになったばかりなのである。

それでもこれで、とりあえずは問題群がだいたい揃ったはずだった。ところがまだとんでもない伏兵が待っていた。二十世紀を爆走しているうちに、われわれ自身の思考体質とか行動体質のようなものがだいぶん変質してしまっていたのだ。

問題群は出揃っているのに、問題を解く力が変質してしまっていたのである。そして、これが二十世紀がわれわれに残したアンチョコのない宿題になったのである。

この問題解決力に関する体質変化については、すでに多くの学者がさまざまな症状を指摘した。曰く、現代人は「よそよそしさ」を特徴とするようになったとか、曰く、世代間コミュニケーションをする力を失いつつあるとか、曰く、道徳や倫理観が脆弱になっているとか、いろいろなことが指摘されている。

どうしてそんなことになったのかという〝原因〟もいろいろ仮説がなされてきた。資本主義の矛盾がいっせいに露呈しているのだ、資本主義と資本主義が対立しているのだ、いやそうではなくて資本主義と対立しているのは民主主義だ、技術文明を過信したからだ、国民国家と民族国家のズレが大きいのではないか、官僚国家の限界が露呈しているのだ、大衆社会による予想不可能な反逆がおこっているからではないか、知識人の役割が終わったからだ、アメリカ社会が独占的なリーダーシップをとりすぎているからだ、いやいや、西欧文明史がアメリカ内部において衝突しつつある影響なんだ、あげくは、脳と心を分離させたからだとか、父なるものが失われたからだとか、いろいろだ。

こういう状態を、かつてダニエル・ベルは「工業社会の終焉」とか「イデオロギーの終焉」と判断し、ついでガルブレイスは「不確実性の時代」とみなした。そのうちニコラス・ルーマンは「構造流動」とか「パラダイム・ロスト」といった言葉で時代的な病巣を象徴し、ジャック・デリダは「脱構築の時代」ととらえ、ウィリアム・リースは「満足社会の喪失」と、フランシス・フクヤマは「歴史の終わり」とよんだ。

呼びかたはどうであれ、一言では片付かない事情に突入していることだけははっきりしているようだ。どうやら、とんでもないまちがいがおこっているらしい。これはひょっとすると、われわれは「治療不可能の善」(フィリップ・ミュレイ)にとりつかれているのかもしれない、というふうにもなってきた。

関係を発見するために

私自身はどう見たいかというと、当然ながら「編集的世界観」によって事態を見たいとおもっている。

というのも、私の立場からすると、そもそも人間の歴史は編集に始まっていた。直立二足歩行をして脳を肥大化させて言葉をしゃべりはじめたときに、もう編集の冒険は始まっていたのだ。むろんそのあとの神話時代も編集だったし、ローマ帝国も漢帝国もキリスト教も、情報をどう編集するかということで世界観を特定しようとした。宗教会議や漢の武帝の政策にそれがよくあらわれている。ルネッサンスも新たな編集に挑戦した時代であった。ブルネレスキのギリシア回帰やマルシリオ・フィチーノのプラトン回帰とは、いまではそれを古典復興《ルネッサンス》とか人間復興《ヒユーマニズム》とよんでいるが、それまでの歴史の総体の再編集を試みるということだったのである。

人間の歴史は情報の歴史であり、編集の歴史なのである。そのことについては、編集工学研究所が構成編集をした『情報の歴史』や、私がそれを千葉大学の特別講義で一部読み解いた『情報の歴史を読む』（いずれもNTT出版）などを参照していただきたい。歴史がいかに編集されてきたか、よくわかってもらえるだろう。

ともかくも、そうした情報編集の歴史が、さまざまな民族、地域、国家、時代、風俗などによって相違点をもち、また変化してきたのだった。

つまりは、編集的世界観というもの自体が、時代や民族や文化のなかでつねに文脈を推移させ、変貌をとげてきたのだった。

そこにはみごとな編集もあれば、ひどい編集もある。あきらかな失敗もあった。編集には失敗も大失敗もつきものなのである。その成果長短の集大成を試みる作業も、たとえていえば、アリストテレスからベーコンへ、鄭玄《じょうげん》から空海へ、ダンテからディドロへ、鴨長明から頼山陽へ、ヴィーコからフーコーへ、ベンヤミンからマクルーハンへ、柳田国男から井筒俊彦へ、というぐあいに、そのつど調整がとられてきたものだった。

こうして、各時代にひそんでいた問題は、むろん欠けているものもあるにはあるが、とりあえずは二十世紀の全部をつかってその大半を一通り並べおえたのである。われわれはいま、それらの「内容《コンテンツ》」を通して眺めることができる。

今度は、それらの流れにひそむ「方法《メソッド》」に注目するときである。情報編集の方法を問うときなのである。

ただ、その方法なるもの、けっこう意外なところに見え隠れする。

世の中では、方法はおおむね縁の下に隠れ、だいたいは主題や主人公のほうが前面に出ているものなのだ。私は主題や論題そのものよりも、その主題を支える方法やその論題の見えかたのほうにずっと関心があったのだが、ふつうはこういうことはない。私の見方はながらくマイナーだったのだ。

大学時代、私はいくつかのクラブ活動をしたが、小さな劇団にも入部した。

友人にそのことを告げると、みんながみんな「そうか、松岡も役者を志すのか」とひやかしてくる。「いや、役者じゃないんだ」というと、「じゃあ、演出か脚本か。まあ、おまえらしいかな。が、それは一年生ではムリなんだよ」というふうになる。私はひたすらアカリ（照明）を担当したくて劇団に入ったのである。だからゼラチン・ナンバーを全部おぼえるところから修業した。けれども、それは演劇ではなく、照明の仕事だとおもわれたようだった。

もうひとつ大学時代の話をすると、私はグライダーとヘリコプターを知りたくて航空倶楽部というものに入ってみたのだが、「飛行機に乗りたいのではなく、グライダーやヘリコプターが人体に入ってくる感覚を研究したい」という入部の動機を説明したところ、大笑いされた。

だいたいが、こういうぐあいなのである。演劇には演劇という主語が、飛行機には飛行機という主語が望まれるのだ。私はどちらかというと、述語が好きなのに。

おそらく、これが絵画を相手にすれば、どんな主題がそこに選ばれたか、誰がそこに描かれたかということよりも、その描きかたの方法に注目したほうがよっぽどおもしろいことはわかるはずなのに、相手が知識や思想となると、なかなかそうはいかないようになってしまうのだ。

これは方法というものが見つけにくいからでもある。また、方法のちがいなど、些細《ささい》なものだとおもわれすぎているせいである。本書では、このあたりからの離陸も読者に促したい。二十一世紀は「方法の時代」なのだ。

こんなことを書くと結論めくが、編集でいちばん大事なことは、さまざまな事実や事態や現象を別々に放っておかないで、それらの「あいだ」にひそむ関係を発見することにある。そしてこれらをじっくりつなげていくことにある。

このようにモノやコトを見ることを、編集工学では「関係の発見」とか「新たな対角線の発見」とよんでいる。私はこのような方法こそが、これからの人間の認知や意識のしくみにとっても、産業界や教育界にとっても、また自分の創発的な能力を開拓するためにも、かけがえのないものになりうるとおもっている。つまり私は本書を語っていくなかで、「方法が世界の内実そのものだ」ということを伝えてみたいのである。

ただし、そういうことを言挙げするのは、この数行だけのことにして、あとはなんとなく感じていただければよいということにしておこう。

第2章 編集は遊びから生まれる

ぼくはピアニストじゃない。作家、作曲家、メディア人間であって、ピアノは何もすることがないときに弾く。

……グレン・グールド

子供の遊びにひそむ編集

私は京都の呉服屋に育った。住まいと店とが同じ家の中にある。いきおい店のお兄さんがたと遊んでもらいたくなるのだが、なかなか相手にしてもらえない。ちょっとは遊んでもらっても、すぐに「はい、ここまでね」と切られてしまう。キャッチボールでもトランプでもこれが辛かった。

もっと遊んでもらうにはどうすればいいか。キャッチボールやトランプよりももっとおもしろいことがあればいいのか。それはどんな遊びなのか。そんなことを空想するようになり、やがてはだんだん自分で工夫をして遊ぶようになった。そのうち、夢中になっている遊びを自分で実況放送するのが好きになった。雪見障子のガラスを放送室に見立て、縁側に坐って相撲ゲームや野球ゲームを操作する。その状況を「いま栃錦と若乃花、立ち上がりました」「あっ、川上ホームラン！」「小西さん、いまのボールはどうですか」というぐあいに、自分でまた実況放送をする。それが好きだったのだ。

遊びからは多くの興味深いことが見えてくる。

ただし大人の遊びではなく、子供の遊びだ。大人の遊びは戦争や不倫やギャンブルに象徴されるように、もはや遊びの本質を失っている。それにたいして子供の遊びは子供っぽくて純粋だから興味深いのではなく、むしろ原型としての大人の遊びをのこしているから興味深い。

私が世界の遊びをしらべはじめたのは、いったい世界の子供遊びは互いに似ているのかどうかという関心をもったのがきっかけだった。

結論をいえば、子供の遊びは世界中でたいへんよく似た傾向をもっていた。ルールもよく似ているし、罰のとりかたも似ている。鬼になるなりかた、交代のしかたもそんなに変わりない。人数の束ねかたや複雑さかげんも共通することが多い。異なる点は地域によって呼びかたや名付けかたがちがう点である。そういったネーミングには地域の文化の特質が如実に反映される。とりわけアジアとヨーロッパとはちがっている。しかし、それ以外はかなり近いものがある。

たとえば、お隣りの韓国では遊びのことをノリというのだが、それをユンノリ（栖戯）といえば地面に二十九個の点を十字に並べたところに木片を投げて遊ぶ双六めいたものになり、チャジョンノリというと東西に青年が分かれて神輿《みこし》を押しあってその年の運勢を占う遊びになる。チンノリはいわゆる「陣取り」をさす。韓国と日本で似ているだけでなく、このようなノリはだいたい世界に共通する遊びなのである。

異なっているのは文化と風土のぶんである。日本の「子とろ子とろ」はカンボジアではチャップ・コーンヌ・クラエンといって「トンビのひな捕り」という名前になっている。一人を親鳥に、もう一人をトンビにし、残りがヒヨコになる。各自がマフラーのようなクロマーという布を腰に結び、親鳥が一人のヒヨコにそれをつかませる。ほかのヒヨコは次々に前のヒヨコのクロマーをつかみながら、トンビが要求する「子とろ」に答えるというものだ。さすがにトンビで遊べるのは風土が反映している。これが日本では花鳥風月の国らしく「花いちもんめ」になっていく。

いわゆる「じゃんけん」(拳)もアジアには広く分布する。昭和以降の日本ではほとんどグー(石)・チョキ(鋏)・パー(紙)で勝負を争うが、江戸時代では蟲拳といってヘビ(親指)・ナメクジ(薬指)・カエル(人差し指)で遊んだり、庄屋とキツネと鉄砲でそれぞれのジェスチャーをしながら遊ぶ庄屋拳もさかんだった。三人がそれぞれの情報や信号を出しあうというところに特徴がある。

韓国ではカウイ・パイ・ポが「じゃんけん」で、紙が布になる以外は日本とまったく同じ、タイのジャンジィも日本と同じになっている。庄屋拳と同じなのはビルマの指揮官・兵隊・トラの三すくみ、インドの象と人間と蟻の三すくみである。数学にゲーム理論というおもしろい分野があるのだが、ゲーム理論の一部はこうした遊びの中の三すくみ問題をうまく応用したにちがいない。

このように世界の遊びをいろいろ見ていくと、示唆に富んだしくみがいろいろ観察できる。きっと子供の遊びには、子供たちだけがよく知っている情報量の度合とか編集度の具合ともいうべきものがあるのであろう。そうおもって、私は子供の遊びを分類し、そこにとびかう情報の度合を整理し、遊びにおける編集度をしらべてみた。

あれこれ検討してみると、子供たちの遊びにはいくつかの基本型があることが見えてきた。しかも、それは編集術にたいへん役に立つ。

子供の極意＝「ごっこ」「しりとり」「宝さがし」

子供遊びの基本型は三つのパターンに分かれる。「ごっこ」型、「しりとり」型、「宝さがし」型である。この基本型は情報の編集のしかたによって分かれている。

第一型の「ごっこ」型は、「ままごと」をはじめ世界中のどこにでもある遊びである。動物や大人のふるまいややりとりを真似ることが中心になっている。動物ごっこ、お医者さんごっこ、お店屋さんごっこなどがここに入る。模倣されたロールプレイング・ゲームと考えればよい。歴史的にいうと、最初は狩りや漁労や性生活を真似た遊びが中心だったのだが、やがて近代になってからは家庭内の生活の真似事や工場の仕事の真似が多くなってきた。

「ごっこ」型の特徴は身ぶりや口ぶりを真似るだけではなく、段取りも真似るし、できばえの比較のしかたも真似るところである。さらに興味深いのは「ごっこ」でありながらも、大人の社会がもっている優劣関係を踏襲したり、「ままごと」で「まあ、ほんとにダメなお父さんねえ」というふうに、大人社会がもっている失敗のパターンをも踏襲することだ。これにはいつもギョッとさせられる。また「ごっこ」では空間の見立てや道具の見立てが細部にわたっておこっていることも注目される。

第二型の「しりとり」型も世界中にある遊びだが、これはいうまでもなく言葉尻をつかまえて情報を連鎖していくゲームである。が、必ずしも言葉尻だけではなく、メンバーが次々に特定ジャンルの名称を言いつづけるという遊びもふくまれる。たとえば「野菜しりとり」とか「動物しりとり」。子供たちはさかんにお母さんとこうした分野別しりとりをやりたがる。この遊びで注目すべきことは、相手が発信した単語情報をうけとめ、これをなんらかの関連性を保持しながら次に渡していくということにある。つまり、情報が一定の連鎖をつくりながら編集されている。つまったら負けである。この「つまったら」というところが自主的でおもしろい。アタマの中で思い浮かべるものがなくなったということが、すぐ自分でわかる遊びなのである。そこが相互編集的であって、案外、自己編集的なのだ。

この「しりとり」の発展型は「連想ゲーム」（伝言ゲーム）になっていく。最初のプレイヤーが言った言葉が次々に耳打ちされるうちに変わっていってしまうというおもしろみを狙ったゲームだが、これについては編集にとってとても重要なしくみがふくまれているので、のちに解説したい（第四章）。

第三型の「宝さがし」型は、スティーブンソンの『宝島』やポーの『黄金虫』に有名な世界だ。宝物が埋められたマップをもとに、さまざまなオリエンテーリングが進む。複数のメンバーがそれぞれ知識の断片をもちよるところがミソになる。そしてだんだん目標が決まっていく。そこが編集的なのである。ピエール・ロチの『少年』では、主人公の少年がわざわざ銀のスプーンをつぶして庭に埋め、これを簡易なマップでいつも想像するという場面が出てくる。

もともと「宝さがし」の祖型は「隠れんぼ」にある。複数のプレイヤーが別々のところに隠れていて、これを鬼にあたる一人が捜し出す。「もういいかい」「まあだだよ」と言いながら、「誰々ちゃん、見つけた」という合図のたびにこの遊びは前進していく（エチオピアではこのときニワトリの鳴き声「ククル」を連発する）。この遊びは捜す役割の一人にはすべての情報が隠されているが、そのかわり鬼には「見えている世界」というマップが与えられているところが編集的だ。両者ともそれを手がかりに情報を捜し出すというゲームになっている。しかも参加者は「隠れんぼ」をする遊び場の空間的特性を知っているということが一定の条件になる。それがマップ性である。この「隠れんぼ」における情報（逃げ手）をオープンに明示したまま遊ぶと、いわゆる「鬼ごっこ」になっていく。

よく遊び・よく学び・よく編集せよ

遊びというものは解放のようでいて束縛であり、束縛のようでいて解放であるという特徴をもっている。その両方がなければ遊びは遊びにはなりにくい。

また、一人遊びと二人遊びと集団遊びとのあいだには、微妙なズレがある。このズレは子供にとってはたいせつなもので、たとえば二人や集団で遊んだ楽しさをいつか一人で再現したくなるときに、子供はこのズレを意識しながら「一人演じ分け」という方法を習得する。ロールプレイの内在化がおこるのだ。すなわち、楽しかった遊びを一人で再現しようとすると、そこには体験の「情報化」という作業が必要になる。楽しかった記憶をアタマの中で再構成する必要があるわけだ。カラダで体験した遊びはここでアタマの中に移っていく。これが情報化である。そこにはズレが生きている。

ついで、この情報化された体験を自分一人の遊びに振り分ける。それにはちょっとしたシナリオや舞台設定や役割の配分が必要になる。なにしろ複数で遊んだ体験を自分一人の遊びに変換するのだから、いろいろ工夫がいる。これが「編集化」なのである。編集術は、このように遊びやゲームのような発端と終結がある情報の流れを、いくつかの場面に振り分け、組み替えることに始まっている。まず情報化、ついで編集化、である。

逆に、一人遊びや二人遊びの体験を集団に拡張したいときもある。このときもきまって「情報化」と「編集化」をおこす。一人遊びの体験が情報化されて一般性をもち、それが編集化されて、さらに適応力をもつ。ここにもズレが生きてくる。そしてそこに新たな工夫が発生し、遊びはゲームとしてのシステム性をもつにいたるのだ。

「ごっこ」「しりとり」「宝さがし」には、このようなしくみがまことにうまく採りこまれていた。

子供の遊びには、われわれが学ぶべきことがいっぱいつまっている。とくに編集の方法にとって学ばされることが多い。

情報を編集するという目でみると、情報の特徴のつかみかた（ごっこ・しりとり）、その情報の再生のしかた（ごっこ、宝さがし）、情報の探し方や入手のしかた（宝さがし）、その情報の連絡のしかた（ごっこ、しりとり、宝さがし）、次の情報への進みかた（しりとり）、そして情報のマッピングのしかた（ごっこ、宝さがし）。これらの遊びにはこうしたことがしっかりとビルトインされている。われわれは子供時代からこうした遊びを通して、編集稽古をしてきたといえよう。

そう考えてみると、結局、遊びとは編集そのものなのである。編集のない遊びはなく遊びのない編集もない。そういえるのだ。

すなわち、編集術の基本は遊びから生まれてきたものだった。いまはわかりやすくするため子供の遊びだけをとりあげているが、実は大人になってからの遊びにも、ほぼ同じことがあてはまる。

もうひとつ、子供の遊びで注目すべきは、そこには初歩的なルールが発生しているということだ。どんな遊びにもちょっとしたルールがつきもので、それがなければ「じゃんけん」も「鬼ごっこ」も成立しない。

遊びのルールというものは複雑すぎては成立しない。単純すぎてもダメである。地域によって解釈が大幅に変わってしまうようでもいけない。

では、どのようにルールが決まるのかというと、ちょうどコンピュータやマルチメディアの技術世界と似て、ユーザー（各地の子供たち）が受け入れやすい度合に応じて、いわばデファクト・スタンダードで決まっていく。

こうして遊びはルールをつくっていく。ということは、編集もルールを自発させるという目的をもっているということだ。これを「編集的ルールの自発性」という。編集はルールを発見するゲームでもあったのだ。

ところで、「ごっこ」「しりとり」「宝さがし」という子供遊びの基本三型は、私も最近になって気がついたのだが、学習の基本三型にもなっている。「ごっこ」は模倣という学習の基礎を、「しりとり」は言葉やイメージのつながりを学ぶための基礎を、「宝さがし」はヒューリスティック（発見的）な思考やそのための準備をしていく必要性を、それぞれ学習するための基礎にあたっている。

そう考えて、編集工学研究所では一九九八年後半から東京大学・慶応大学・東京工科大学、メディアファクトリーの共同研究として、この三つの基本型の遊びをつかった学習型ソフトウェアの研究開発にとりくんだ。「2＋1《ツープラスワン》」プログラムという。三つの遊びを学習の基本型としてコンピュータ・システムに入れてみたのである。テストをしてみると、なかなか子供たちの評判がよい。それはそうだろう、これらはもともと子供たちが長い歴史をかけて創造したマスタープログラムだったのだ。

遊びの本質は編集にある。

ということは、逆に、編集の本質も遊びにあるということなのである。

カイヨワの「遊び」の四分類

一九七八年の秋、急におもいたってパリのロジェ・カイヨワのところまでわざわざ押しかけたことがある。そのころやっと構成ができあがった『遊』の特集号「相似律」(図01)のヴィジュアル草稿を持っていった。それが私の最初の海外旅行である。

訪ねていったら、カイヨワはちょっとほろ酔いで、すでに顔が赤かった。近づくと大道芸人のようにアルコールが口元に漂っていた。私はまず、自分が「遊び」という意味の漢字一字のタイトルの雑誌をつくっている理由をまくしたてた。カイヨワはにこにこして聞いていたが、私が話しおえるのを待って、まじめな顔で「日本ではカニを重んじますね」と言い出した。何を言い出すのか、こりゃあダメだ、この人は酔っぱらっている、とちょっと失望していたら、突如としていかに『平家物語』がすばらしい作品であるかを説明したあげく、「日本人はその平家の落武者の顔をカニの甲羅に発見したでしょう、それは日本人が遊び心をもっているせいです」と結んで、ワッハハハと笑った。なんと平家ガニのことだった。そして「あの海はいまでも元気ですか」と訊いてきた。きっと屋島か壇ノ浦のことなのだろう。

これで私はうれしくなってしまって、初めての海外旅行の不安も吹っ飛んだ。それ以来というもの、私はカイヨワのことを「フランスきっての遊学者」とよんでいる。

01 『遊』1001号・特集「相似律」より

そのカイヨワは『遊びと人間』という本のなかで、遊びには基本的に四つの種類があると考えた。アゴーン、アレア、ミミクリー、イリンクスである。

ただしカイヨワはジョルジュ・バタイユやジュール・ミシュレらとともに社会学研究所というすばらしいプロジェクトを推進していた社会学者でもあるから、このような分類によって言いたかったことは、人間はどのように社会関係をつくっていったのかということで、それを遊びの分類から説明したかったのである。

ちょっと紹介しておこう。カイヨワの遊びの四分類には、編集工学が重視している「自己編集性」(self editing) と「相互編集性」(mutual editing) という、編集にとって最も能動的なはたらきが示唆されている。自己編集性とは自分でゲームの中に入っていって、そこにある要素や機能や条件をいかしながら編集することを、相互編集性とはやはりゲームの中に入るのだが、そこにたまたま居あわせたメンバーとともに何かを場合に応じて相互編集していくことをいう。

第一類の「アゴーン」はおおむね「競争」のことである。プレイヤーそれぞれが敵対関係になりつつ、ひとつの境界の内部で争われる遊びのことをいう。ただし、ここには従来の市場競争のようなものはふくまない。もっと相互限定的で、痛快で、結果が時間とともにあきらかになる競争遊びがアゴーンなのだ。したがって、大半のスポーツがアゴーンに入ることになる。オリンピックはアゴーンの祭典である。ここではアゴーンが一定の場所で進行するものだということが特徴だ。

第二類の「アレア」は、ラテン語のサイコロ遊びのことで、相手がいてもかまわないけれど、相手に勝つだけが目的ではなく、そこに見えない「運」と戯れることを遊びにするものをいう。トランプや麻雀や花札のようなゲームがアレアなのである。勝ち負けはあるものの、これらのゲームには配られた〝手〟という「運」がふくまれていて、そこにこそ遊びが生きている。「運」と戯れるわけだから、占いなどもアレアに入る。

第三類の「ミミクリー」は真似の遊びをさしている。何かを模倣したり転写しながら遊んでいく。つまりは「ごっこ」にあたる。動物の真似をする、お母さんの真似をする、仕事の真似をする、歌手の真似をする、ウィンドウズがマッキントッシュの真似をする、日本の議会がイギリス議会の真似をする、これらはいずれもミミクリーである。すでに先行している思索のパターンや行動のパターンを積極的に真似ること、それがミミクリーだ。ミミクリーは人間の社会的本能を開発するには最も初原的な刺激に富んでいる。

第四類の「イリンクス」は、めまい・痙攣・トランス状態をともなう自己編集的な遊びのことである。子供たちがくるくる回転したり、阿波踊りに熱中したり、ハードロックや

F1やディスコで熱狂したり、瞑想する集団に夢中になったりすることがイリンクスである。これはもともとはシャーマニズムを背景に発達したもので、我を忘れて渦中に入るという意味をもっている。

カイヨワはさらに、この四分類される遊びの背景には、どんな遊びにも共通する「パイディア」と「ルドゥス」というものが付きまとうのではないかと分析した。

パイディアはその場に臨んで興奮に入る状態のことを、ルドゥスとはわざわざ困難に立ち向かう忘我の意識の状態のことをいう。パイディア的になることもルドゥス的になることも、そこには利得を越えるものがある。無償でもかまわないという気分になってしまうのである。この無償性が重要である。

遊びがこうしたパイディア性（興奮）とルドゥス性（困難）をもっていることは、遊びが欲得ずくではなく広まっていく本質をもっていることを示すとともに、ついつい欲得ずくになる大人たちの遊びからは遊びの本質が薄れていったことを説明する。

カイヨワのこうした遊び研究は、その後の「遊び学」とでもいうべき分野の研究成果がはなはだ乏しいために、いまなお他の追随を許さない。たとえば『中世の秋』で有名なヨハン・ホイジンガも「ホモ・ルーデンス」（遊戯人間）という概念を通して人間と社会の関係を分析したが、これは十八世紀に理性を金科玉条とする理性人間が頂点に立ちすぎたことにたいして、産業革命以降に「ホモ・ファーベル」（工作人間）が登場してきたことに注目して議論を展開した歴史論だった。

つまりホイジンガは、理性人間に対抗するものとして工作人間をあげ、さらにその背後に人間の本来の姿である遊戯人間（ホモ・ルーデンス）がひそんでいるのではないかと推理したのであった。ホイジンガは若いころは古代インド演劇の研究者であったから、人間が神々をとりまいていた時代には遊びこそが本質的なパワーをもっていたことを知っていたのである。しかし、工作労働型のホモ・ファーベルの奥に遊戯型のホモ・ルーデンスがいるという構図には、すこしムリがあった。

いずれにしても、カイヨワもホイジンガも「現代文明が遊びの喪失によって堕落している」ということを指摘した遊学者であった。しかし私は、カイヨワの見方やホイジンガの見方には、まだ「情報」というものが欠けているとおもう。遊びは情報ゲームであって、したがって情報編集ゲームでもあるからだ。

スポーツ・ルールの編集術

子供の遊びにひそむ編集性をかいつまんで案内してきたが、遊びはスポーツの中にも生きている。ということは、スポーツにも編集術のヒントがあるということになる。

そもそもスポーツも遊びから発生していた。古代の遊戯が競技になり、それがスポーツになった。いまでも遊びからスポーツは生まれつづけている。スポーツは「イギリスに生まれてアメリカで育った」といわれるが、最近はやはりアメリカに多い。

トライアスロンがごく最近の例になる。これは一九七七年にオアフ島の海兵隊が辛い訓練を遊び仕立てにしているうちに、スポーツとして自立した。が、トライアスロンがそうであるように、遊びもいったんスポーツになると少し別のものに自立する。けっこう厳しいものになる。


遊びとスポーツのちがいもある。スポーツは闘争と競争を起源としていること、危険を厭わないこと、勝負にこだわること、勝てば栄誉か賞金賞品が獲得できること、そしてもうひとつはルールに反則が加わっているということだ。

とくにルールは遊びよりもうんと厳密で、反則を犯せばペナルティが科せられる。そのためフェアプレーという精神をあえて高々と称揚する必要もあった。クーベルタン男爵の近代スポーツ精神はそこから出発した。が、スポーツのスポーツたるゆえんは、どのようにルールをつくり、どのような反則をつくるかにかかっている。そのルールづくりのところに編集術に通じるものがある。

たとえば野球というゲームは攻撃と守備を交互に分けた。それを代わるがわる九回にわたってくりかえすことにした。これはなかなかの大発見で、実はディベートや裁判のルールに通じるものがある。検察側と弁護側が交替で論陣をはる裁判のシステムは、そんなことをいうと叱られるかもしれないが、まったく野球と同じなのだ。ただ野球の審判の力が気の毒なほどに裁判長ほど絶対的ではないだけである。裁判では、判定に不服だからといってすぐ殴りあいにもならない（サッカーやラグビーでは審判の力は裁判長に近い）。

ちなみに、この攻撃と守備を分けるというアイディアはテニスや卓球やバドミントンなどの「サービス」と「レシーブ」という方法にも生かされている。また、アメリカンフットボールが二十世紀で最も進化のはやいスポーツだといわれるのも、やはり攻撃陣と守備陣を二つに分けた「ツープラトン・システム」を導入したせいだった。アメフトはこれに加えてほとんど無制限なメンバーチェンジをとりいれた。それで爆発的な人気をよんだのだ。野球のメンバーチェンジもベンチ入りメンバーに関しては無制限である。これにたいしてサッカーはメンバーチェンジは三人までになっている。

こういうことからも、いかにアメリカ型のスポーツが「より優秀な奴が前に出ればいいんだ」という文化をもっているかということがわかるであろう。そして、ヨーロッパ型のスポーツが「いったん役割を分担したらできるだけ最後までまっとうしなさい」という文化になっていることも、よくわかるであろう。アメリカはアメフト型のルールを国際戦略に適用しているともいえる。逆に、そういうアメリカだからアメフトが生まれたともいえる。スポーツも文化を編集しているのである。

スポーツにルールが発生し、めきめきと進化していったのは、古代の遊び型のスポーツには「賭け」があったからだった。初期の競技の大半は貴族や民衆の賭けのためにおこなわれていた。賭けは十六世紀のヘンリー八世の時代でもまださかんだった。

しかし、競技者の誰に賭けるかという熱狂があまりに高じてくると、だんだんプレーのやりかたも厳密になってくる。それは争いにもなる。それでルールが発達し、審判（レフェリング）という制度もくっついてきた。つまり評価や判定が加わった。レスリング・柔道・剣道・体操・シンクロナイズドスイミングに判定者がいなかったら、これらはスポーツとしても競技としても成り立たない。見ているほうもつまらない。

このように、スポーツの起源が遊びにありながらしだいにルールを発生させていったということは、編集の歴史にとっても学ぶべき点である。なぜなら、編集というものは価値判断をしやすいように情報の動向をプロセス・マネージしていくシテスムであるからだ。

スポーツではその価値判断が〝勝ち判断〟につながっている。

ともかくもスポーツでは〝大人のルール〟とでもいうべきものが厳密である。子供の遊びにもルールはあるものの、そのルールを破ってもみんなからワイワイ騒がれるだけで、それで制裁をうけるということはない。ところが大人の社会では、そうはいかない。制裁が待っている。ペナルティが科せられる。出場停止もある。ここに審判の必要も出てくるし、スコアボードを厳密にする必要も出てくる。

逆に、子供たちが「いじめ」をするのは、スポーツのルールがもっている制裁力をちゃんと教えられていないからであるともいえる。

【編集稽古】05　サッカーやラグビーにはオフサイドというルールがある。このルールはスポーツ史上きわめて画期的なルールで、ずる（安易な得点）ができないようになっている。また、それによって守備側の戦略もしだいに精巧になってきた（オフサイド・トラップなど）。では、このようなオフサイドに似たルールは、スポーツ以外の社会や慣習のなかにもあるだろうか。考えてみてほしい。

オフサイドは団体スポーツのルールのなかでもとびぬけてユニークなルールである。敵方にボールを大きく投げて（蹴って）、それをゴール前の味方の選手が受けてすぐに得点をすることを回避している。

このようなルールに似たものは社会にも見られる。たとえば談合やインサイダー取引の禁止などはオフサイド・ルールに似ている。ヨーロッパが近親結婚を禁止したのもどこかオフサイドに似ていた。ようするに、ある一線に近づきすぎている現象を禁止することによって、その一線の特定の意義を保とうとすること、それが社会のオフサイド・ルールなのである。今後は、このようなルールがしだいにふえてくるようにおもわれる。

法という編集の世界

スポーツ・ルールに象徴される〝大人のルール〟の起源は、ほんとうのところは「法」にある。そして法や法律もまた、たいそう編集的なのだ。いや、だんだん編集的になってきたのだった。

古代ギリシアを例にすると、ごく初期は法を司るテミスとディケという神格が想定されていた。この二人の法神格は大規模な集団の中でのみはたらくという特徴をもっている。そしてテミスが定め、ディケが示した。まだ明文法はなかったが、そのうち判定（判例）の集積をもとに法のスタートが切られていった。ドラコンがその編集にあたった。それは

「テスモス」とよばれた。このテスモスがやがて「ノモス」（規範という意味）になるにつれ、ギリシアは法のもとの直接民主主義を獲得していった。また、それとともにノモスのような社会の規範に属さないもともとの自然的本性に属する規範を「コスモス」とよぶことになった。古代ギリシア法では、ノモスはコスモスに対応していた。

これにたいして古代ローマでは、ユスティニアヌス帝という為政者が、先行する地中海文明に集積されていた習慣や罰則や規定をもとにローマ法を編集させ、すぐに法学校をつくって学生に学ばせた。吸収して、そして上から流し、学ばせたのである。その基本を一言でいえば「私人の権利か、公共の権利か」という判断をどこまで細かく規定できるかという点にある。初期のローマ法はほとんど政治的権利の所属と忠誠をめぐっていたといっていい。

それが中期になると自然法が加わってくる。自然法は、人間が本性を維持できるための不可譲な権利を想定したもので、消滅することがない法だとみなされている。コスモスの本性を人間の自然性に規定したという意味で、自然法という名前がついた。そんなことは長いあいだローマ人は知らなかったのだ。ということは、時代がしだいに自然法を吸収して編集していったのである。

イングランドが有名にしたコモン・ロー（普通法）は、以上のようなギリシアやローマの法とはちがって、最初から全イングランド人が国のどこにいようと利用できる法として生まれている。編集したのは王座裁判所と民訴裁判所と財務裁判所の裁定官たちで、各地の慣習を比較して徹底的に編集された。十二世紀のヘンリー二世の時代には七十五の令状方式ができあがり、それが相互に比較され、規定されてあった。ただしコモン・ローとはいえ、それは封建的な土地所有者だけのためのものだった。

このように成立してきた法の、どこが編集的であるのかということは、すぐには理解できないかもしれない。おおざっぱに法の歴史が慣習や権利の編集の歴史であったことくらいはわかるだろうが、その法律の内容がどのように編集的であるかは、わかりにくいにちがいない。なぜなら、法なんて、どうしても決定的な条項で埋まっているのだから、どこが編集的なのかとおもわざるをえないからである。

しかしながら、一度でも法律にかかわってみると、それがきわめて用意周到な編集的構造でできていることがわかるのだ。

人間の歴史における最初の法は「掟」や「戒」に近いもので、禁止事項を破った者が罰せられるようになっている。つまり「違反」の思想を前提にする。まあ、モーセの十戒のようなものである。しかし、どんなことをどのようなときに違反したかは、ある程度は明文化する必要がある。階層社会や階級社会が濃厚だった時代では、当事者の階層的な所属に応じて、つまりは身分のちがいに応じて、それぞれのルールの規定をし、やがてこれらを段階的に平等化していった。

何が法的な境界線であるかということをはっきりさせるには、また、そのような境界線がどこにあるかを説明するには、禁止事項は単純な規定ではよろしくない。加うるに、そこに禁止事項を破った意志が発動しているかどうかもうまく説明する必要も出てくる。たとえば「Aという橋を渡ってはならない」という禁止事項は、「何時から何時までは渡ってはならない」とか「みだりに渡ってはならない」とか、あるいは「城に用のない者は渡ってはならない」といった説明を加える必要がある。そうすると、「みだりに渡ったのか」「城に用があったのか」といった当人の意志も問えることになる。こうして情報編集が加わっていくわけである。

法律というもの、こうした情報編集の加え方が絶妙である。たとえば日本国憲法の第二条は次のようになっている。

第二条　皇位は、世襲のものであつて、国会の議決した皇室典範の定めるところにより、これを継承する。

皇位が世襲制度だと書いてあるのだが、その規定は皇室典範によるもので、しかもそれは国会が議決したものになるのだと書いてある。「皇位は世襲のものであって、これは代々継承される」という文章のあいだに「皇室典範の定めるところにより」という文章が加わり、さらに「国会の議決した」が加わっている。

このように、法をつくるには禁止事項（あるいは重要事項）を中核として、まるで生物の分化や進化のごとくしだいに編集が進む。

しかも、法律のばあいは事項説明をおおむね箇条書きにして進むため、一個の条項で説明できていないことは別の条項で補足する。この条項と条項の関係（あいだ）がなかなか相互関連的であって、かつ編集的なのだ。すなわち、条項間が保持している意図を編集的に解釈しないかぎりはわからない。

これは誰にでもできるというものではない。そこで、このような編集的なルールをしっかりと解釈している特定の役目をもった人間も必要になる。これが裁定者や審判というものになる。キリスト教なら神であり、スポーツならレフェリーであり、学校なら先生になる。もっとも最近の先生は裁定者にはなりたがらない。私はもっと引きうけるといいとおもっている。

堅い法律、柔らかい法律

法には意外に柔らかいところもある。

かつて私は、末弘厳太郎の『嘘の効用』という本に感心した。末弘厳太郎といえば日本水泳界を牽引したリーダーとして、また穂積陳重の筆頭弟子の異色法学者として知られ、晩年は中労委の会長もつとめていた人物である。その末弘厳太郎の『嘘の効用』が、今日の法学思想の代表者の一人で、とくに日本人の法意識を研究している川島武宜さんによって編集復刊されたので読んでみた。なにしろ法学者の本のタイトルに「嘘」が入っているのだから、これはおもしろい。

欧米には「名義上の損害賠償」という制度があるらしい。AがBの庭に不法侵入したとして、Bが「庭が荒らされた」と言って損害賠償を求める。ところが、どうも庭を荒らしたという形跡だけでは損害賠償は成り立たない。しかし、これで却下したのではBの気持ちはおさまらない。そこで裁判所が一ドルを払って「損害の象徴」を認めてしまうという制度である。法的には損害はないのに「嘘の損害」を想定するところに、この制度のミソがある。

もうひとつの例。もともと欧米では協議離婚がなかなか認められない。そこで離婚したがっている夫婦は示しあわせて夫が妻を殴ったことにする。この「嘘」を裁判所は一部始終知っていて、離婚成立を申し渡す。

これが「嘘の効用」だというのである。ようするに事実のほうを仮りの嘘で曲げてしまうのだ。正確にいえば「象徴的な捏造」をあいだにさしはさむと言ったほうがよいかもしれない。末弘厳太郎は、おそらく大岡裁判とはそういうものだったと書いている。法が厳密すぎて人情にそぐわないときは、事実のほうに嘘をさしはさみ、そのさしはさんだ範囲で裁定をすましてしまうという方法だろうというのだ。大正十二年の著述であるが、なんともいきいきとしている。

結局、「嘘の効用」とは「法における擬制の活用」ということである。著者によれば、法というものはこの擬制の活用のたびに少しずつ編集進化してきたのだという。『法華経』の方便をおもわせる。


このように法というもの、意外に柔らかい。しかし、堅いところもある。両方なのだ。この両方性を編集術にあてはめていうと、二つの編集があることになる。

ひとつは法律としてどのように明文化をすればいいかという編集である。制定されたものをどうつくっておくかという編集だ。これを編集工学では「コンパイル」(compile)という。「コディファイ」(codify)ということもある。日本語でいえばおおむね「編纂」にあたる。

もうひとつは、そのようにすでに編纂された法の条文に準拠するのだけれど、それを現実の社会の出来事や事件や動向にあてはめて解釈する仕事としての編集だ。ここには裁判官から弁護士まで、学者からジャーナリストたちの仕事までがふくまれる。これは編集工学的にいうと「エディット」(edit)にあたる。そういう二つの編集がある。

のちにあらためて整理するが、コンパイルでは使用した言葉の定義が必要になる。言葉の定義があいまいではルールも法律もつくれない。だから言葉の指定する範囲がそのつど点検され、その点検の重なった部分と外れた部分が明示化されていく。これがコンパイルである。このような事情から、コンパイルやコディファイは辞典や法案などの編纂作業をさすことも多い。辞典は、一応のところは「言葉のルールブック」であるからだ。法律もスポーツも商取引のための契約書も基本的にはコンパイルされた言葉によって規定されている。

本書で私が積極的に編集術の対象にしたいのは「エディット」のほうである。これを

「編纂」にたいして「編集」とよんでいる。

もちろんどちらの方法も編集術に入るのだが、コンパイルのほうがよりベーシックな方法で、エディットのほうがより創発的で関係創造的である。

コンパイルとエディットのちがい

編集術には大きくは「コンパイル」（編纂）と「エディット」（編集）とがあるといったが、そこをもうすこしきちんと理解してもらうことにする。

まず、コンパイルの特徴は「情報の相互規定性」というものにある。だからさまざまな情報アイテムや情報フレーズを比較し、その相互の規定関係をはっきりさせる。これまでのべてきたスポーツ・ルールや法律はその作業によって確立する。


野球を例にしてみよう。たとえば三振の規定をどう決定するか。

まず、ボールを三回空振りをしたときが三振という規定を最初につくる。次に、空振りをしなくとも審判によってストライクと判定されたときも空振りに匹敵するとみなす。さらに、打ったボールがファウルになることもあるので、これも空振りに準じるとみなす。ところが、ファウルを野手がキャッチすることもあるので、その時点でアウトにする。最後に、打ったボールがキャッチャーによってキャッチされたファウルチップのばあいは、すでに2ストライクになっているばあいのみ三振とみなす。だいたいこんなふうに相互規定の幅を厳密にしていくわけだ。

なかなかめんどうだ。しかし、このめんどうな規定作業のなかには、Aにふくまれる情報の一部をBによって引き取り、そのBの規定する情報の一部をCによって引き取って編集するという、編集術にとってはきわめてベーシックな相互規定力というものが生かされている。

コンパイルにくらべて、もっと自由な幅をもって情報を編集することが「エディット」である。

エディットは英語の動詞だが、動詞的で継続的な特徴をもっと強調するために「エディティング」(editing) といってもかまわない。編集工学ではしばしばエディティングという用語をつかう。エディティング・テクノロジーとかエディティング・メソッドなどともいう。そのほうがプロセスを重視する感覚にふさわしい。

すでに察しがついたとおもうが、エディティングはコンパイルとちがって、かなりの自由度がある。遊びがある。自動車のハンドルに遊びがあるというような意味での遊びだ。ここで自由度とか遊びというのは、ひとまず「情報の冗長度」というものだと考えてほしい。そのメッセージがどのように解釈されるのか、そこには適度な幅があるということである。一例を出しておく。

ここに「リンゴ」という言葉がある。本物のリンゴがそこにあってもいい。このリンゴという実物あるいは言葉を前にして、誰もがいろいろのイメージを思い浮かべることにする。赤いなあ、おいしそうだなあというのもイメージである。リンゴにまつわる体験を思い出すばあいもあろう。目の前のリンゴにはいろいろなイメージがふくまれる。人によっても異なっている。

しかし、この「リンゴ」をコンパイル（編纂）的に説明すると、果物、果実、赤い実がなるバラ科の落葉高木、アジア西部からヨーロッパ東南部原産の果樹、リンゴジュースやアップルパイなどの原料、といった説明がつづく。リンゴに内属する属性を定義付けをするようにふやしていくわけだ。ようするにリンゴにまつわる規定的な説明をすること、人によって異なるイメージではなく、ある一定のイメージをつけること、それがコンパイルの役割なのである。つまり法的なのだ。

これにたいして「リンゴ」には、たとえば「エデンの園のリンゴ」や「アップル・コンピュータ」や「ニュートンのリンゴのエピソード」や「美空ひばりのリンゴ追分」や「並木路子のリンゴの唄」や、また、さまざまな個人的な思い出などがふくまれるのだから、「リンゴ」をひとつの情報素材として、これをきっかけに自由にイメージの翼を広げてみようというのが、エディティングの基本的な発想になる。つまり、そこ（ある情報）にひそむイメージの種子をふくらませて解釈を動かしていくこと、それがエディティングの起動なのである。

こうしてみると、なんだ、それは思索や表現そのものではないか、編集との区別がわからないとおもうかもしれない。そうなのだ、半分はそうなのである。

エディティングは私にとってはそれがあたりまえのことだが、当然に思索や表現をふくんでいる。もうすこし正確にいうのなら、エディティングは思索も表現もふくんだ知の行為の進行形であり、かつまた、その思索や表現がもたらす「情報の様子」に応じて新たな動向をつくっていくことなのである。この、進行形、新たな動向、というところがかんじんなところだ。

動かない知識や止まっている思想というものは、それは情報ではない。そういう情報は死んでいる。知識や思想を動かしているとき、そこに編集がある。

それは一見すると、たしかに思索であって表現である。けれども、その思索や表現は動いていく。止まらない。あたかもアーサー王伝説や平家物語が百年をかけてずうっと動きながら編集されていったように、シンデレラのお話がどこで発生したかわからないまま、数百年をかけて世界中を動きまわり、しだいにシャルル・ペローやグリム兄弟のシンデレラをつくっていったように（研究者の報告によると、採集されたシンデレラ・ヴァージョンは世界中で八百以上にのぼっている）、あるいはゴッホがひまわりを描くのにあたって、ひまわりを一瞥するたびにカンバスに光の筆を動かしていったように、その思索と表現の有機体は動いていくのである。

そう、エディティングはすこぶる有機的なのである。

しかもどこからでも始まりうるものであり、どこを切ってもいいものなのだ。なぜ、そんなふうにいえるのか。われわれ自身の一刻一刻がすでに「編集的連続性」の裡にあるからだ。

編集的連続性に注目する

ここに五分間ほどの時間があり、それを一人の男が費やしたとする。そのときどういうことがおこったのかということを想定してみよう。

男は机の前に坐っているとする。そしてとりあえずは机の上の消しゴムを見たことにする。そこで、どういうことがおこっているのか、またおこっていくのか。ちょっと観察してみたい。

まず、その消しゴムを見ているということは「そこに注意を向けた」ということだ。注意とは、消しゴムなら消しゴムという区切りに知覚のカーソルをあてたということで、それによって自分のイメージの領域のどこかで消しゴムが措かれたアドレス（位置）をちょっとだけ設定したということである。むろん消しゴムから注意をそらすことも可能だ。机の上の消しゴムの隣りに鉛筆立てがあるなら、それをちょっと見て、ふーん、鉛筆立てだとおもえば、それで注意はそちらに移ったことになる。

しかし、消しゴムを見ているときに、なぜそれを消しゴムだと判断できたのだろうか。ぶよぶよのものとか、でかいものとおもわなかったのはどうしてか。またそれをバナナとか絵画とか国家だとおもわなかったのはどうしてか。男にはすでに消しゴムに関する知識があったからである。したがって、もし必要ならば、消しゴムは文房具であるとか、消しゴムの大きさは筆箱に入る程度のものだとか、この消しゴムはだいたい百円程度の商品だといったことをイメージすることもできるし、考えることもできる。ということは、消しゴムに注意のカーソルが動いただけでも、そこには消しゴムに関するある程度の知識のネットワークが動きうるということだ。

また、消しゴムから、たとえばデビッド・リンチの『イレイザーヘッド』の一場面をふと思い出したとすると、アタマの中にストレージ（記憶）されていた映画に関する情報をちょっと引き出したことになる。このとき誰かがそこに来て、「なんで、ぼうっと消しゴムなんか見ているの」と訊ねたとする。男が「いやあ、ちょっとデビッド・リンチの映画を思い出していたんだけどね、そういえばリンチの新作は見た？」などと言うばあいもあるだろう。そうすると、これは男に思索や表現がおこっていることになる。たったひとつの消しゴムをちょっとだけ見ていても、いろいろなことがおこっているものなのだ。

つまり、われわれはたったの五分間で、注意・観察・知覚・認知・認識・連想・表現といった行為を、あるいはまた、記憶の再生・知識の喚起・判断の変換・表現の試み・発話の決断などという一連の行為をしつづけているのである。それは切れ目なく続いている何かの連続である。ただ、そのいちいちを取り出してはいないし、それが何の行為であるかということを覗こうともしないだけなのだ。

ここに「編集的連続性」というものがある。何かがつねに、すばやく編集されつづけているのだ。

しかも、もしそこにおこっていることを外部に取り出してマッピングをしたとすれば、そこには膨大なイメージや意味の連鎖がおきていることに気がつくはずである。それを適当に切り出せば、どこからどこまでが認識で、どこからどこまでが思索で、どこからどこまでが表現というふうに切断できなくはない。また、あえて原稿用紙やワープロに向かって何かをしているときを「表現」とよぶこともできなくはない。けれども、原稿用紙やワープロに向かっているときのアタマの中の五分間も、実はさきほどの男の五分間と本質的に変わりはないのである。

すこしは納得されただろうか。われわれはすでに日常的に編集的連続性の中にいるのだということを。そして、その連続性をときどき突出させて、いろいろな行為を目印にしているのだということを。

この編集的連続性ということ、および、その連続性をつかって人間のふだんの知覚や判断がおこっているということは、編集をする者にとってとても大事なことだ。

なぜなら、編集には「すでに編集されている情報世界」というもの、「これから編集する情報世界」というもの、この二つがあって、ふつうはこれらが混在してしまっているのである。そこで、前章にも紹介したような「情報を地と図に分ける」というようなことが必要になる。これは「すでに編集されている情報世界」を見やすくするのに有効である。

しかし、「これから編集する情報世界」においては、この地の情報と図の情報を、さらにもう一度動かしていく必要がある。

かくて、編集する者としてのわれわれは、次のことを用意しておくべきだということになる。

まずは、自分が新たな情報に向かっているときに、自分がおこしている行為というものは、自分では気がつかないほどに連続的であるということを知ることだ。もうひとつは、にもかかわらず、これらの連続的な行為を地と図に分けたり、根っこと枝の芽に分ける目印を自覚することは可能だということである。

編集工学による編集術は、この二つが同時進行する。

このとき、何を目印にするかということが編集のコツになる。自分が何を目印にして知覚をしたり、思考をしたり、イメージを浮かべているのか、それをよく観察することだ。そこにおのずから「編集する自己」というものがあらわれる。

第3章 要約編集と連想編集

絶対的なひとつの真理のかわりに、互いに矛盾する多くの相対的な真理を。
……ミラン・クンデラ

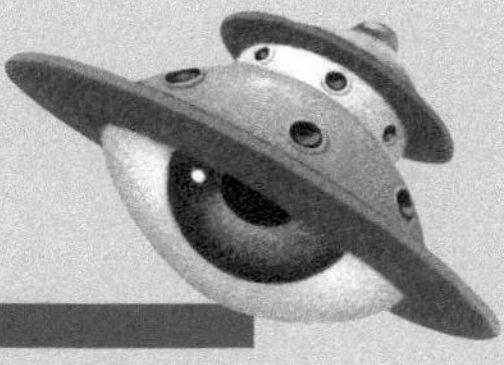

映画編集を体験する

先だって亡くなったアメリカの映画監督スタンリー・キューブリックの言行録を読んでいたら、「映画にとって最も必要な技術は編集である」という発言を何度もくりかえしていた。黒澤明もとっくの昔に「映画の本質は編集だ」と言っている。

たくさんのフィルムをまわしておき、たくさんのカット（正確にはショット）をつくっておく。このカットをあとからさまざまに入れ替えたり、つないだりして編集をする。そこで映画のよしあしの大半が決まると、この二人の大監督は言っているのである。

もともと「映画は編集だ」という発想は、デビッド・グリフィスが『国民の創生』を千五百のショットで制作したあたりから重視されはじめた。最初の金字塔は同じグリフィスが演出をした『イントレランス』にあらわれる。

ついでモーリッツ・スティラーやアベル・ガンスがフラッシュ・バックをおもいつき、マルセル・レルビエが「映像内編集」とよばれる手法をおもいつくと、「映画には人間の眼とは別の眼が生きている」という見方が確立してきた。それをジガ・ヴェルトフが「キノ・アイ」（映画眼）という考え方にまとめていった。ジガ・ヴェルトフは、一人の俳優の顔の場面をつくるにあたって、その前後にスープの皿の場面を入れるか、遊ぶ子供たちを入れるか、死体を入れるかによって、俳優の表情がかなり異なって見えることを発見した。

これはモンタージュ理論とよばれた。いずれもロシアの映像作家たちの冒険だった。映画的編集技法の基礎は無声映画時代に確立されたのである。

このモンタージュ手法を拡張して徹底させてみせたのが、有名なエイゼンシュタインのアトラクション編集理論というもので、名作『戦艦ポチョムキン』に結実した。この一作で、観客が感情を移入できるのも、映画にひそむ主題が強調されるのも、ほとんどがシーンやカットの編集のしかたによって決まってくるという見方が樹立したといってよい。

ここに注意してほしい。エイゼンシュタインは、主題の強調も編集のしかたによって決まっていくと述べたのだ。いわば主題は編集によってどうにでもなると言ったのである。ここには「内容は方法だ」という見方が躍如する。

その後さまざまな実験がくりかえされて、いまでは映画編集はかなり多様な技法になっている。今日ではおそらく十人の監督が十人とも、あるいは九人までが「映画は編集だ」と明言するだろう。

映画が編集によってどのくらい変わってしまうかということは、実例にあたってみるとすぐわかる。では、その【編集稽古】をしてもらおう。ここで編集といっているのは難しいことではない。いわゆる「カットの切り貼り」だとおもってもらえばよい。

浦岡敬一さんという日本映画の編集名人の技法について書かれた山口猛編『映画編集とは何か——浦岡敬一の技法』（平凡社）から引用してみよう。浦岡さんは小津安二郎の助手をつとめたあとに一本立ちをして、その後は大島渚をはじめとする松竹ヌーベルバーグの数々の作品で映画編集に携わったのちにフリーとなり、さらに小林正樹の『東京裁判』で芸術選奨文部大臣賞をとってからは、いろいろの映画賞を受賞している名人である。

【編集稽古】06　ここにごくふつうのチャンバラ映画のための四枚のカットがある。わかりやすく静止画面にしてあるが、実際には多少の動きがある。この四枚を適当に並べて、ごく簡単なストーリー（文脈）にしてほしい。

①

刀を構えるサムライ

②
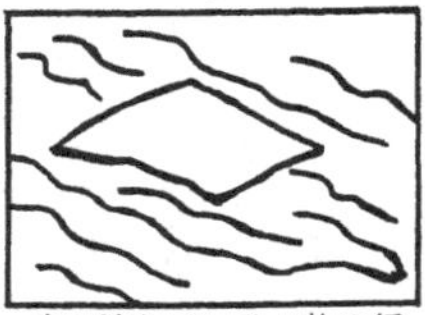
水に流れている１枚の紙

③
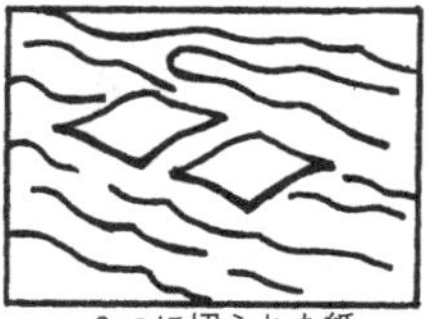
２つに切られた紙

④

一瞬光る刀

たった四枚のカットのつなぎであるが、それでもいろいろストーリーあるいは印象が変わってくる。

浦岡さんの〝模範解答〟をお目にかけておく。それでも少なくとも五通りがある。

まず解答A。


【解答A】

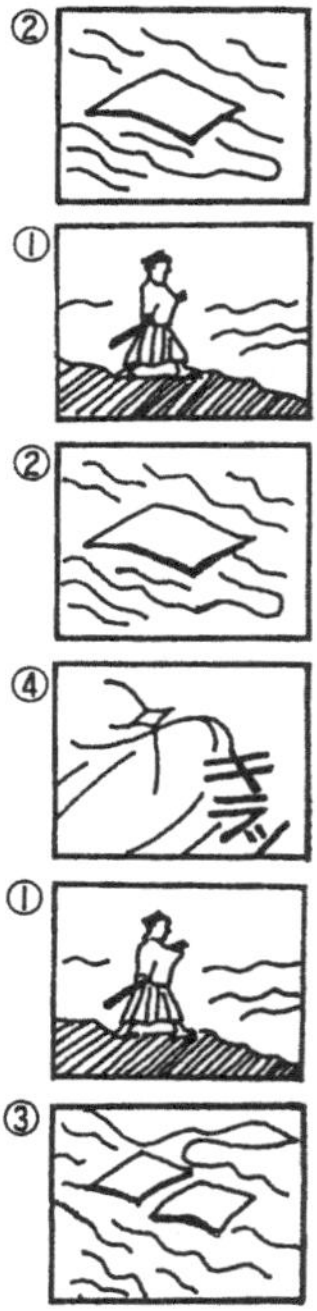

同一カットを二度つかっているのに驚いた読者がいたかもしれないが、これは映画編集ではごく常識的な組み合わせである。
まず川に紙が流れている。川辺にサムライが立っている。サムライが何を見たかは次の川を流れる紙でわかる。そこに一閃、刀が振られる。刀を収めおわったサムライが映る。パラリと紙が切れる。こういう順である。ごくごくふつうの文脈だが、一応の平均点はとれる編集になっている。

【解答B】

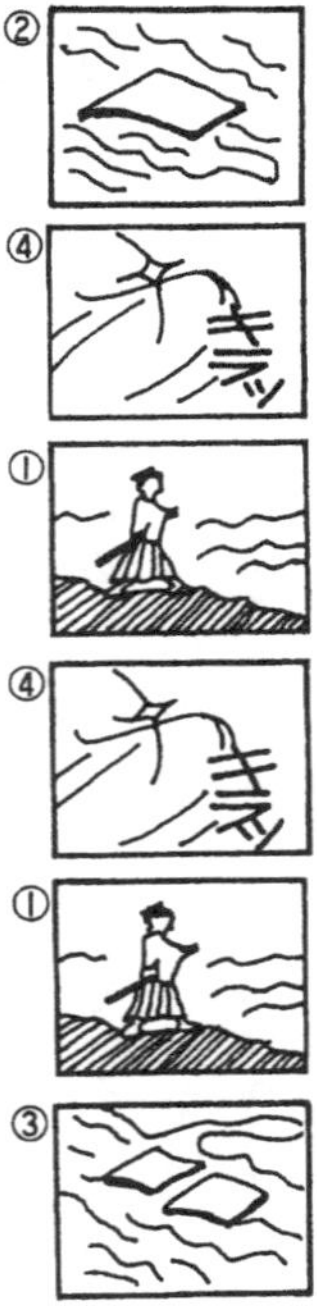

解答Bはサムライが紙に向かって二度にわたって刀を抜いているところがミソだが、浦岡さんは「これはちょっとしつこい」と言っている。サムライの執拗な性格を見せるにはいいかもしれない。画面のつなぎかた、アトサキのつくりかたで、登場人物の性格までにじみ出てくるのである。では、次の解答Cの編集の例。

【解答C】

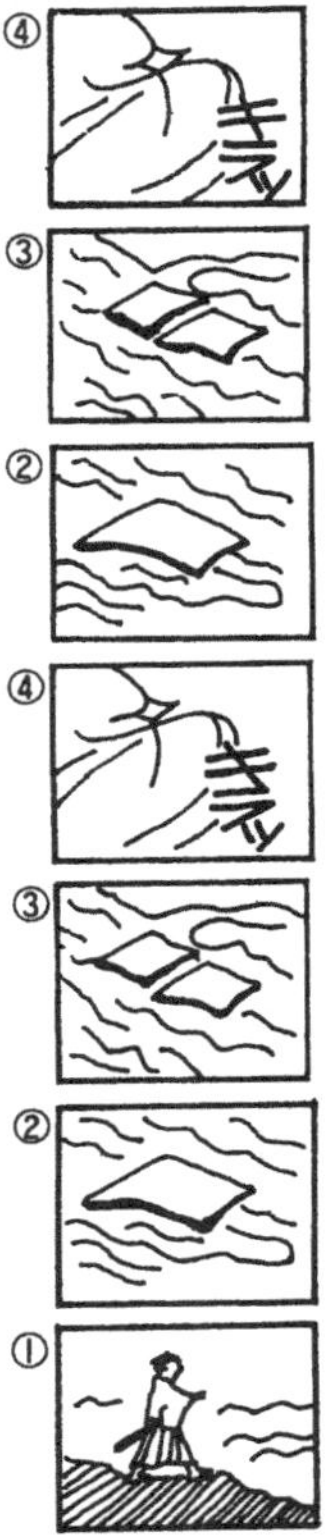

これはかなり意外な展開になっている。切っても切っても二枚の紙が一枚にくっついてしまうというストーリーだ。そうすると、ここではサムライよりも紙が主題として浮かび

上がることになる。異常な紙なのだ。あるいはそういう異常な紙をつくっている者が川上にいるのかもしれない。べつだんカメラが紙に寄らずとも、そういう意味の効果が出る。こういうところが編集のすごいところなのである。

【解答D】

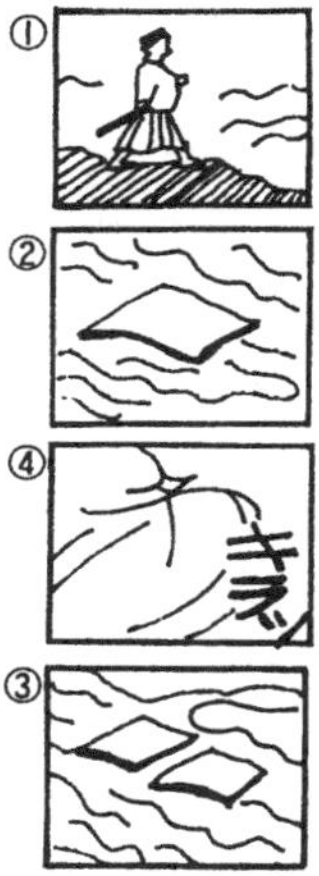

【解答E】

解答Dはごくふつうだ。それでも最初にサムライが映るか、流れてくる紙が映るかによって、多少の印象はちがってくる。

解答Eは四枚だけのつなぎだが、これだけでサムライが剣の達人のように見える。最初に刀だけが一閃し、ついで刀を収めた達人が静かに映っている。そして、いったい何がおこったかとおもうと、流れに浮く一枚の紙がクローズアップされて、それがやおらハラリと真っ二つに切れる。勝新太郎の座頭市シリーズでよくつかわれた見せ方だ。

このように、たった四枚のカットだけでも、これをどのようにくりかえすか、どのようにつなぐかで、また、何が先で何が後かというだけで、事態の見え方やイメージの受け取り方が変わってくるものなのである。パソコンのカット&ペーストもこうありたい。

要約と連想の魔法

どのように映画を編集するかということは、そもそもどんな場面をどのように撮っておくかということで決まる。

そのためには、あらかじめどのようなカット割りをつくっておくかという作業も重要になる。ということは、どんなシナリオをどのように理解させるかということが、最初からあらかた計画されている必要もあるということで、結局、映画はそのプロセスのすべてが編集的だということになる。

このような映画の編集的特徴を、もうすこしざっくばらんに解明すると、実のところは映画というものは「要約」と「連想」とでできているということがわかる。要約と連想はむろん互いに関係もしているが、ひとまずは別々の編集術だと考えるとよいだろう。

要約とは、何かの必要な情報を絞りこみながら、その情報がもっている特徴をできるだけ簡潔に浮き出させることである。そのために切り捨てる情報と選びとる情報とがはっきりしてこなければならない。「図」に強い編集だ。

たとえば「大原や蝶の出て舞ふ朧月」という句がある。芭蕉の門人の内藤丈草の句であるが、時も所も主題も十七文字の中にみごとに図柄として要約されている。これなら映像にするばあいもわかりやすい。これをもっと要約すると、たとえばJR東海のポスターの「そうだ、京都、行こう」「いま、奈良にいます」というコピーのように、たった一行にまで要約できる。これですべてがわかる。


一方、連想は、その情報によってどんな情報がさらによびおこされるのか、そのイメージの範囲をできるかぎり広げていくことをいう。「地」を広げていって「図」を変えていく編集である。

詳しくは次章で説明するが、連想は編集術にとっては最もたのしいものである。なにしろ自由に比喩（メタファー）や見立てをしていいのだから、いろいろな表現が可能になる。

けれども、どんな譬えも連想になるとはいえない。そこにはそれなりの「世界の想定」というものがいる。

たとえば、童謡の「月の沙漠《さばく》をはるばると・旅のらくだが行きました・金と銀との鞍置いて・二つならんで行きました」（加藤まさを作詞）は、月に砂漠があるわけはなく、ましてそこをラクダがぱかぱか進むわけもないのだが、そのことによってどこまで連想が広がるか、それによって歌にこめたメッセージの訴求を賭けているわけである。同じような抒情歌でも、北原白秋の「城ケ島の雨」はもうすこし柔らかい連想になっている。

雨は降る降る　城ケ島の磯に　利休ねずみの　雨が降る
雨は真珠か　夜明けの霧か　それとも私の　忍び泣き

雨が降っているだけの情景を、利休ねずみ、真珠、夜明けの霧というふうにイメージを連鎖させ、そのうえで「私の忍び泣き」にもっていく。なかなかうまい。同じ雨を示すにも、千家元麿の短詩では「雨の中には桃が蕾《つぼ》んでゐる」というような連想もある。これは心を温める雨である。

詩的な表現ばかりに連想が生きているわけではない。ダイアナ妃と別れたチャールズ皇太子はいつも物議をかもしてきた皇太子だが、記者にあまりに責められるので、こんな発言をした。「私はサルがどうやって学ぶかを知ったのですが、サルは両親を観察するんですね」。よく言うよねというところだが、これも連想の手法のひとつなのである。

この手の連想は多くのことわざにもみられる。「蓼食う虫も好きずき」「覆水盆に返らず」「隣の芝生は青く見える」などは、どれもみんな連想をつかっていることわざで、これを読んで、隣の芝生だけを見て唸っている者はいない。

このような要約と連想のしかたを、仮に要約法と連想法と名付けておくとすると、この二つはいろいろなジャンルにつかわれる編集術の基本であることがわかる。しかも、言葉や映像の表現だけにこの編集術がつかわれているのではなく、本を読んだり、人の話を聞いたり、あるいは行動をおこすときにも要約法と連想法は連動して活躍をする。

たとえば、読書は要約法と連想法の組み合わせで成り立っている。要約できなければ読書にならないし、連想がおきなければ読書はつまらない。どちらが強いかによって読後感がおおいに変わってくる。商品開発も要約法と連想法が組み合わさっている。何の商品かということはできるだけ要約的でなければならないし、その商品によってどんな活用がおこるかということはできるだけ連想的でありたい。逆に宣伝や広告は最初に連想から入って、要約を少しだけにする。
では、ここで要約と連想をかんたんに体験するためのエクササイズをしておこう。本書の読者ならば知っているだろう作品をとりあげた。

【編集稽古】07　ここに世界文学の名作を要約した文章がある。そのタイトルをあてるとともに、この要約について意見をのべてみてほしい。ただし登場人物の名前はＡＢＣなどに変えてある。引用は『新潮世界文学辞典』(新潮社)の中野好夫氏の解説より採った。

原話はイタリア小説にある。ヴェニスの将軍であるアフリカの黒人のＡは、武勇の魅力で元老院議員の娘で子供のようなＢの愛をえて妻にする。だが、青年将校で旗手であるＣが深く彼に含むところがあり、その復讐に、ありもせぬＢの不貞を、さも事実であるかのようにＡに思い込ませる。
猛将ではあるが単純な彼は、みごとにこのＣの狡知の餌食になり、無垢のＢを疑って嫉妬のあまり寝室で扼殺する。Ｃの姦計も露れるが、時既におそく、Ａも悔恨のうちに自殺して果てる。(注・改行は筆者による)

この文章は登場人物の人名があれば、ほとんど誰にもわかるようになっている。が、ここではその人名が記号になっている。そうすると、手がかりは突如として、文中のさまざまな言葉にひそむことになる。

そこで連想が動く。そしてアタマの中の「知」が次々に動員される。ふーん、ヴェニスの将軍で、アフリカの黒人か、うーん、誰かな。妻のBは殺されるのか。うん、そういう物語はおぼえがあるぞ。しかしイタリアの小説が原話ということになると、ちょっと待てよ、えーと、えーと。このように思い出してみようとすると、アタマの中の要約感覚が連想と密接に関係しあって進んでいることが、なんとなくだが、わかってくるのではないだろうか。

実はこの問題の答えはシェイクスピアの『オセロー』である。つまりAがオセロー。ではBは思い浮かんだだろうか。デズデモーナである。すぐに浮かんだとすれば、それはどの格納庫から引っぱり出されたのだろうか。ではCは？　Cの名前は伏せておくことにしよう。巻末を見られたい。

かくして、多くのジャンルにおいて、多くの人々によって、かついろいろな場面において、要約法と連想法が駆使されていることはまちがいがない。ただし、どのような要約法や連想法が有効なのか、また、もともとどのように要約法や連想法が成立しているのかというと、これはあまりはっきり解説されてこなかった。

そこで、編集術にとっても重要な二つの方法を入門的に紹介しておこうとおもう。まず要約法を説明して、連想法についてては話の都合で、しばらくあとまわしにする。

キーノート・エディティング入門

ある量の情報内容をなんらかの方法でできるかぎり短く集約することを、編集工学では「キーノート・エディティング」（要約編集）という。いわゆる「まとめ」「概括」という作業だ。

何をまとめるかというと、一連の情報の流れから要点・要所・主旨・主眼・骨子・眼目をまとめる。つまり重点をキーノートする。そのためには何らかの方法で情報をかいつまんでいく必要がある。「かいつまむ」は漢字で書くと「掻い摘まむ」となるように、まず掻きよせ、そして要訣を適確に摘まんでいく。そして適切に配列する。

ただ配列するのではなく、論旨・論調・要領を得て、小気味よく配りなおす。編集的再配分をするのである。これは満天の星にわかりやすい星座をいくつか描くようなものなので、俗に〝星座編集〟（コンステレーション）などともいう。

ラフな一例をお目にかけよう。

私が教えている大学の学生たちに、本書のこれまでの前二章ぶんのコピーを渡して要約編集をしてもらった。学生が提出してくれた要約のうち、答案Aはこんなふうだった。やや忠実すぎる要約だ。

第一章では、著者は最初に同時通訳の例を引きながら、編集という方法（編集工学あるいは編集術）が広範囲な領域にあてはまるものであり、それは文化と文脈を重視したコミュニケーションの技法でもあることを示した。

ついで、編集には「堅い編集」と「柔らかい編集」があるが、この本では、柔らかい編集術を案内したいという著者の方針を提示した。そして、このような方法は身近な認識や連想や判断や表現に有効であるだけではなく、いま日本が突入しつつある乱世に対して新たな「関係の発見」や「相互共振」をするにあたっても有効なのではないかと述べた。

第二章では、著者がかつて編集していた『遊』にふれながら、遊びの特徴の理解は編集の本質の理解に共通することを指摘し、さらに「ごっこ」「しりとり」「宝さがし」に代表される子供の遊びには、編集方法にとっても学習方法にとっても興味深いいくつかの特徴がひそんでいることを示唆した。

ついでカイヨワの遊び論（アゴーン・アレア・ミミクリー・イリンクス）を紹介したのち、スポーツや法律におけるルール生成のしくみに含まれる編集術に注目し、人間が社会の中でつくりあげた成果の多くが編集的方法によって形成されていること、そこには「コンパイル」（編纂）と「エディット」（編集）の違いなどがあるものの、人間の認識・思索・表現などの活動はつねに「編集的連続性」に支えられていること、などを強調した。


キーノート・エディティングとは、まあまあこういうものだ。そんなに難しくはない。ただし答案Aは情報をつめこみすぎている。そのぶん平板だし、またあまりにも長すぎる。が、とりあえずは内容をかいつまもうとはしている。そのやりかたは、著者（松岡）がどのようなことを順に指摘したかという視点でまとめようということだ。

そのために段落を第一章と第二章に分け、その内容を短縮して書きあらわして、それを順にならべた。要約にあたっては、

「著者は最初に〜を示した」「ついで〜を提示した」

「そして〜と述べた」「〜にふれながら〜を指摘し〜を示唆した」

「〜を紹介したのち〜に注目し〜を強調した」というように、著者の組み立て意図を明確にするスタイルをとっている。こうするとわりに無責任に要約ができる。便利だが、ビジネスマンやイエスマンに多い要約法だ。

こういうやりかたを「言明型のプレゼンテーション・スタイル」という。よしあしはべつとして、この要約法によって文脈の流れは保証されている。すでに強調しておいたように、編集作業では文脈を洗い出すことがたいへん重要なのである。

「箇条書き」という方法

では、もっと簡潔に要約するにはどうしたらいいだろうか。

箇条書きにしてみることだ。箇条書きは法律の条文のようで、味も素っ気もないようだが、キーノート・エディティングの王道である。短文がならび、分節が明確になり、なんといってもメッセージが順番に見えてくるのがよい。この順番性が大きい。映画のシナリオもまずシノプシス(大意)をつくることから始まることが多いのだが、その多くは箇条書きになっている。

学生からは次のような答案Bがもどってきた。

1　二十一世紀は「主題の時代」から「方法の時代」へ移行する。これからは文化と文脈を配慮した編集的方法が注目されるだろう。
2　このような編集的方法には情報機器に付帯する堅い編集と日常会話やマンガに活用されている柔らかい編集があり、本書で編集術として紹介するのは「情報の様子」を重視する後者のほうである。
3　柔らかい編集はコンパイル編集とエディット編集に分かれる。創発的な編集はエディットスタイルにある。
4　編集的方法はもともと人間の認知・記憶・連想・表現などの過程にひそむものである。これらは社会的な遊びやスポーツや法の形成過程にも滲み出ている。とくに子供の遊びは編集の基礎をふくんでいる。
5　社会は編集的連続性に満ちている。人間や社会にひそむ編集的方法を領域をまたいで抽出する試みこそが、いま待望されている。

私が書いた話の展開の順序をガラリと変えて箇条書きにするだけで、これだけの変化が出る。前の答案Aとくらべてみると、その変化は明瞭だ。

言葉づかいもやや断定的になって、論理的な印象が答案Aよりも強くなっている。「滲み出ている」「待望されている」といった、著者が使用していなかった言葉づかいもつかわれているが、それはそれでかまわない。編集には「おぎない」や「いいかえ」も大事な手法なのである（あとで説明する）。

こういう箇条書きのやりかたも重点編集のひとつなのである。ただし、まだまだ長すぎる。もっと簡潔にしたほうがよい。たとえば、こんなふうに。

1　編集は人間の活動にひそむ主題ではなく、方法を取り出すことにある。
2　デジタルだが堅い編集と、アナログだが柔らかい編集の両方をいかすとよい。
3　編集（エディット）と編纂（コンパイル）のちがいを活用する。

たった三ヵ条になってしまったが、この程度でもよい。実は、私はこの本を書くにあたっては、こうした箇条書き的なメモから出発した。そして、それをだんだんふやしていった。ただし、最後まで箇条書きのスタイルを変えてはいなかった。文章にしたのは最終段階になってからである。

ところで、キーノート・エディティングをするには、まずは重点をちゃんとあげておくことが必要だ。それにはノートをとってみてもいいし、カードにメモを書いてもいい。本を読んで重点を拾うなら重要だと思った箇所に線を引いておいてもよい（線の引き方にも編集術の極意はあるので、これはあとで紹介する）。

けれども、何を重点とするかなどということには〝正解〟はない。編集は自分がやりやすいように、自分がその中に入っていきやすいようにやることだ。それが自己編集というもので、何かの〝正解〟のために編集はやるものではないし、一定の水準に近づくためのものでもない。

いずれにしても自分なりに重点が拾えたら、これらを少しでもならべなおすことが大事だ。これは「関係づける」ということである。重点をそのまま放っておかないで、多少ともならべなおすこと、編集術ではそのことが重要になる。

編集にもモードやファッションがある

キーノート・エディティングのしかたによっては、同じ内容でもどんな印象で相手に伝わるのか、その感じが大きく変わってくる。

これを編集工学では「エディティング・モードの選択」（編集的様相）という。わかりやすくいえばスタイルだ。

まとめるにあたって、どんなエディティング・モードでいくのか、最初にちゃんと選んでおかないと編集作業は右往左往してしまう。そういう経験は日常生活でも誰にもおこっている。たとえばデートのときにスーツで決めるのか、カジュアルにいくのか、Tシャツとジーパンですますのか、最初にモード選択をしておかないと、いつまでも出掛けられなくなって、結局はデートの時間に遅れてしまう。

表現のばあいもまったく同じことで、モードを無視してしゃべったり、書いているうちにいろいろ迷う。それだけならまだいいのだが、だんだんバラバラな組み立てになっていく。できればエディティング・モードはこれでいくと決めたほうがいい。

そこで要約法の例として、もうひとつ、ちょっとだけ大胆な例をお目にかけよう。今度はいわばTシャツ篇である。学生による答案Cだ。

A　編集って何だろうね。

B　見ていること、考えること、遊ぶこと、みんな編集なんだよ。

A　そうか、誰だってやれるんだ。編集は人間の歴史そのものなんだ。

B　そう、情報の歴史だし、スポーツの歴史だしさ。

A　スポーツ?

B　ルールをつくるってことだって編集なんだ。

A　じゃあ、法律も編集されているんだね。縛りも編集なのか。
B　束縛も編集だし、解放も編集だね。

えっ、こんなやりかたも〝あり〟なのかとおもった読者もいるだろうが、〝あり〟なのだ。おおありだ。これも要約編集なのである。

とくにうまいわけではないが、この会話型の要約が二章ぶんの内容を軽視しているのかというと、そんなことはない。なんとか内容をくみとろうとしている。ただそれをふわりと会話調にした。われわれもふだん映画を見たあとや講演を聞いたあとに、その映画や講演の内容をこんなふうにかいつまんで話すことはよくあることだ。第一章で説明した会話例を思い出してもらいたい。

こういう方法を「言明型のプレゼンテーション・スタイル」にたいして、「暗示型のプレゼンテーション・スタイル」という。

エディティング・モードはいろいろな場面にあらわれている。

ファッションはモードそのものだからわかりやすいとして、美術でバロック様式とかロココ様式といっているのもモードだし、音楽の長調と短調というのも、フーガとかカンタータというのもモードである。論理学にも様相論理学というものがある。ちなみに編集工学でいうモードは厳密にはモダリティというが、ここではモードで通すことにする。

このようなモードは新聞やテレビ番組や映画でも選択されている。新聞は新聞としての定番モードがあって、ニュースを報道しているときはなるべく客観的に編集するし（ほんとうに客観的であるわけではないが、そういう編集方針をたてている）、解説記事では説明言語を多くし、それ以外のスポーツ・ページや若者向けページなどでは軽率なおもしろさを重視する。そういうモード選択だ。それはそれでひとつの編集見識である。

テレビのニュースにも定番モードがある。事件の内容によってニュース・アナウンサーの声が大きくなるということはない。それをやるとニュースがニュースではなくなってしまう。ニュースという定番モードが失われてしまうのだ。逆に、これに変化をもたせるにはワイドショーにして、ニュースの取り上げ方を工夫する。アナウンサーも自分で編集をしてみせもする。田原総一朗にニュース・アナウンサーをされたらたまらないが、『朝まで生テレビ！』を関口宏に進行されてもおもしろくない。

レストランにさえモードはある。蕎麦屋はいかにも蕎麦屋らしくするし、フランス料理屋はメキシコふうやインドふうではなくフランスふうにする。

専門家に聞いたところでは、ラーメン屋をラーメン屋っぽくなくすると、とたんに流行らなくなるらしい。なぜだかわからないが、赤い暖簾に白ヌキで○○ラーメンと染め抜かないと、とたんに客の足が遠のくのだと聞いた。丹下健三や倉俣史朗のデザインによるラーメン屋ではラーメンはおいしくないということなのだろう（まあ、そうだろう）。

同じイタ飯屋でもいろいろのモードの工夫があって、それぞれが競いあっている。パスタ料理のメニューにも「たらこしめじスパゲッティ」だとか「きのこの森の味」だとかの、それぞれメニューの名前に歯が浮くような工夫がついてくる。つまりレストランだって編集モードが必要なのである。これは旅館にもブティックにも、車の名前にも保険商品にもあてはまる。

「らしさ」のショーアップ

多くの職能がエディティング・モードを選択していることが何を示唆しているかというと、「らしさ」をつくるということがいかに大きいかということだ。「らしさ」は広義には様相であり、モードのことであるが、もっとわかりやすくいえば編集的なショーアップなのである。

ただし、このショーアップによる「らしさ」の強調をするには、あまり要素的な特徴にこだわると、よくない。サルバドール・ダリは「パンを克明に描こうとすればするほどレンガになってしまう」と言ったものだが、こうした細部の要素的特徴にこだわると「らしさ」は出にくくなり、したがってショーアップもうまくいかない。

こうした「らしさ」の最もわかりやすい例は似顔絵である。たとえば長嶋茂雄の似顔絵は、長嶋茂雄の本人よりも「ナガシマらしさ」になってしまった（図01）。歌まねやものまねも同じ効果を発揮する。コロッケの美川憲一は美川憲一以上の「ミカワらしさ」なのである。

世界にはたくさんの名所というものがある。その名所の細かい要素はそれぞれかなりち

01 上／©高橋春男「いわゆるひとつのチョーさん主義」（「週刊文春」1999年11月11日号）より
下／©いしいひさいち「それ行け!!ワンマンマン」（「週刊文春」1999年9月16日号）より

がっている。ところが全体としては、そこには「名所らしさ」というものが出ている。一つの国のなかの名所も同じことで、たとえば日本中に展望台とか見晴らし台というものがあるが、奇妙なことには、そのほとんどが似ている。そして、誰もが展望台や見晴らし台に到達すると、ああ、やっとここへ来たという感慨がおとずれるようになっている。そんなところにフランス料理屋やブティックが待っていたのでは困るのだ。

中国の水墨山水画も、このような「名所らしさ」によって生まれたものだった。もともとは六朝時代の陶淵明らの詩がお手本になっているのだが、その詩に歌われる景観を求めて山水画が生まれていった。そうすると、今度はその山水画にあわせて名所が派生し、それにあわせて山水画も描かれるというサイクルがおこっていく。ついには山水画論とか風景論というモードが生まれて、どこもかしこも山水画のような名所になっていったのである。同様のことが、日本の歌枕(和歌の縁語)と名所の、さらには名物との関係にもあらわれている。

こういうことは、日本中に「○○銀座」の名をもつ繁華街がごまんとあることにもつながっていく。あるいは「日本アルプス」とか「益田喜頓」(バスター・キートンのあやかり)とか「谷啓」(ダニー・ケイのあやかり)とか「下町の玉三郎」といった名称にも「らしさ」が託されている。そこで結局は、どこにおいても、その「らしさ」にもとづいたショーアップがされることになる。日本の商店街のバーゲンセールでは、春にはプラスチックの桜の、秋にはプラスチックの紅葉がアーケードからぶらさがらないと、「らしさ」のショーアップにはならないのである。

では、エクササイズをしてみよう。

【編集稽古】08 次の各項の二つずつの事例でエディティング・モードがどのような特徴をもってショーアップされているか、二つをできるだけ特徴的（似顔絵的）に比較してみてほしい。

フォークとロック（楽器？ コード進行？）
民法と刑法（対象？ 罰則のちがい？ 成立は？）
井上ひさしの戯曲と吉本隆明の評論（思想？ 文体？ 引用法？）
万葉集と新古今集（歌題？ 枕詞？ 季節感？）
昆虫と鳥（昆虫は外骨格・鳥は内骨格 他は？）
ウィンドウズとマッキントッシュ（ノーヒント）
ダイエーとイトーヨーカドー（特徴の区別がついていますか？）

だいたいこういうエクササイズをすると、思想とか流行というものは編集性のちがいにかかわっているのだということが多少は見えてくるはずだ。

そこで、たとえば、次のような例題を解いてみたり、これを参考に自分たちで問題をつくってみるとおもしろいとおもう。どこで編集性を見るかは、このあとの本書にいろいろヒントを入れておいたので、おたのしみに。よって解答は省略。

【編集稽古】09 次の二つずつの項目のちがいを三つずつあげてみてほしい。半分できたらそうとうな情報編集力の持主である。

三内丸山遺跡と吉野ケ里遺跡　ユダヤ教とキリスト教　法華経と華厳経
源氏と平家　ニスと漆　カントとヘーゲル　チーズと納豆　ゴアとマカオ
ボストンとニューヨーク　北斎と広重　ジョイスとジェイムズ
与謝野晶子と平塚らいてう　チリとアルゼンチン　コーヒーハウスとカフェ
三井と三菱　メッテルニヒとビスマルク　美濃と飛驒　尺貫法とメートル法
ポール・ポワレとココ・シャネル　三万都市と十万都市　桂離宮と東照宮
港町と里村　毛沢東と蔣介石　スラブ語とドイツ語　電話と放送

ラグビーとサッカー　巨人と中日　イッセイとヨウジ　東大と京大
ウランとプルトニウム　証券と債券　菅直人と鳩山由紀夫

略図的原型をみつける

さて実は、われわれもしょっちゅう「らしさ」を交わしている。しばしば「らしいよね」という言葉がつかわれるのはそのためだ。「〜ぽい」という言いかたもする。松田聖子が男問題をおこすと「らしいよね」となるし、松井と高橋の連続ホームランで勝ったときは「巨人っぽい」ということになる。「英語らしい表現」「フォークっぽい歌手」「ケルトめいた模様」というのもある。

逆に、そういう「らしさ」「めいた」「ぽい」がどこか損なわれていると「銀行員らしくない」とか「ケヴィン・コスナーらしくない」と言われる。ホンダやソニーの幹部の話だが、せっかく売れた商品に「あれはホンダっぽくない」「ソニーらしくない」と言われると、カッとなるそうだ。よけいなお世話だということになるのだが、その「らしさ」もホンダやソニーがつくったものなのである。いろいろエピソードに事欠かなかった勝新太郎には、「今度の作品は座頭市らしくないですね」と言われて、そいつを殴ってしまったという話がのこっている。ありそうなことである。

そのほか世の中には、いろいろな「らしさ」や「ぽい」がある。

アメリカらしさ、沖縄っぽさ、港町らしさ、横綱らしさ、男っぽさ、ラップらしさ、子供っぽさ、フーテンの寅さんらしさ。このほかにも「恐そうな人」「わかりにくい奴」とか「さびしそう」とかの、「そう」もある。しかも、これらの「らしさ」は、たとえば「男っぽさ」「女らしさ」といっても、これを要素で分解してもわからないことが多い。にもかかわらず、その「らしさ」は生きている。


なぜ、われわれは「らしさ」がわかるのだろうか。あるいはわかるようにおもえるのだろうか。


おそらく「略図的原型」のようなものがはたらいているのである。

略図的原型とは、厳密にいうと三角形らしさや立体物らしさを支えている条件の統合性のようなもので、コンピュータが事物を認知するとき（検品など）、その該当物を検査するばあいにつかわれる。つまり、ある図形がどこまで三角形とみなせるか、ぶよぶよの図形もなんとか三角形に見えるところと三角形とはみなせないところがあるはずなのだが、その境界を支えているもの、それが略図的原型である。

しかし、ここではそういう略図的原型ではなく、人間の知覚が経験的に積み上げたアタマの中にあるものを略図的原型とよんでおく。それによって、われわれは椅子を椅子とみなし、ケーキらしさや小室哲哉らしさを眺めているわけなのである。

この略図的原型は、主に次の三つのタイプで構成されている。

ステレオタイプ（典型性）……特定の何かや誰かに代表されるモードや「らしさ」

プロトタイプ（類型性）……一般化できる概念としてのモードや「らしさ」

アーキタイプ（原型性）……文化や文脈の奥にひそむモードや「らしさ」

ステレオタイプは「好きなタイプは誰か」と聞かれ、「ジュリア・ロバーツ」とか「観月ありさ」といった典型例を出して答えるときに、アタマに浮かぶモードの記号性のことである。プロトタイプというのは概念の類型のことで、その概念を知らないと何もアタマに浮かばない。たとえば「ラーメン構造」というのは建築用語だが、その言葉でラーメン構造のイメージが浮かぶようになったとき、そこにはプロトタイプが動いているということになる。椅子をデザインしてもらうときに、椅子というプロトタイプが見えないと椅子がデザインできないのと同じことである。「銀座」もプロトタイプになっているからこそ、日本中に「○○銀座」ができるわけである。

これらにたいしてアーキタイプは、われわれの意識のどこかにあるものなのだが、取り出されてみないとわからない。けれども、多くの人はそのアーキタイプを感じることができる。そういうものだ。たとえば子供の絵というものは世界中似ているが、それは見せられればわかる。あるいはアフリカン・アートというものについて細かいことを知らずとも、見せられるとなんとなくそれがアフリカン・アートだとわかることがある。これは意識や感情の奥のアーキタイプが動いているわけなのだ。

このように、略図的原型というものはいくつかのタイプ（らしさ）の組み合わせによって成立しているもので、これらをつかってわれわれは「らしさ」や「ぽい」を見分け、演出し、生活の知恵にしてきたのであった。

というわけで、ここではモード、様相、「らしさ」の編集というものに光をあててみたのだが、プロの世界だけがモードに敏感なのかというと、もちろんそれがプロのプロたるゆえんなのだが、実際にはエディティング・モードの選択は誰もが無自覚にしていることでもある。

前章にもふれておいたように、とくに日常会話では誰もがやっている。それは言いまわしや口調やしぐさによって補われている。

誰もがやっているだけではなく、方言がそのわかりやすい例であるが、地域や地方でも特定の調子をもつ。これを言語学では「プロソディ」という。一種の〝音調〟のことで、たとえば東京人が大阪弁を聞くと喧しく聞こえるが、京都弁を聞くとやさしく聞こえるというときに、これはプロソディのちがいだとされる。このプロソディにも「らしさ」があらわれる。

情報の分母と分子

エディティング・モードについてもうすこし説明しておこう。今度は情報学の面からの説明だ。

すでに情報には「地の情報」と「図の情報」があることを説明しておいたが、このことをもうすこし正確に理解しておきたい。情報にはたいてい地模様があって、そこに図柄が乗っかっている。わかりやすくいえば赤の地に黄色の水玉模様のネクタイと、白の地に青の水玉模様のネクタイがあるばあい、この両者を眺めるにあたっては、赤と白の「地」も比較できるし、黄色と青の「図」の比較もできる。またその組み合わせの比較もできる。ネクタイの色合いは地と図の両方の情報でできているということである。

別の言い方でいえば、情報には「分母としてあらわされる情報の特徴」と「分子としてあらわされる情報の特徴」とがあるということだ。そう考えるとわかりやすいかもしれない。そしてこの両方に、すなわち地にも図にも、分母にも分子にも、それぞれ情報の特徴は見出される。

具体的な例を出そう。

たとえば「寒い日だね」という分子の情報があるとして、分母に「冬」をもってくるか「夏」をもってくるかで、ずいぶん分子の情報にたいする見方が変わってくる。同じ「寒い日だね」という情報も冬の一日で寒いのなら温度はかなり低いはずだし、これが夏ならば二十三度でもけっこう寒いことになる。

また、「あいつはピアノがうまい」という分子情報は、分母が「作曲家」か「ジャズメン」か「会社員」かによって大きく変わる。ピアノのうまさの土台（地）がちがう。糸井重里のコピーで有名になった「おいしい生活」は出元が西武百貨店の広告だったから〝生活感覚〟のようなものが分母になったのだが、これがファストフード連合会の広告ならば、このコピーの意味は〝おいしい食べ物〟だけになってしまう。コピーも編集なのである。

もっと一般化していえば、「異常だ」「笑止千万」「保守的」「経済効果」「独創的」「困った」「苦労をかけた」……、これらの言葉がもっている情報の意味は、いずれもどのような分母に属する地の情報をもとに表現されているかによって、その図の分子的特徴は変わってくる。こうした分母をちゃんと明示しない議論が最近はふえている。分母なき時代、母なき時代なのである。

この地（分母）と図（分子）による見方をさらに一般的な情報問題の見方に適用していくと、ちょっと深みが見えてくる。

たとえば「あれは音楽的だね」という言葉があったとする。よくつかわれる。しかし「音楽的」といったって、この言葉がモダンダンスにつかわれたのか、映画につかわれたのかでは、意図も意味も変わってきてしまう。また同じ映画でも山田洋次の映画が音楽的だったのか、リドリー・スコットの映画が音楽的だったのかでは、話の濃淡がそうとうにちがってくる。さらには「ジャン・コクトーは音楽的である」は、分母をコクトーの映画か、コクトーの文学におくかによっても変化する。

こうなってくると、分子と分母の情報の比較ということは問題を解くときや議論するときの基本的な方法にも通用するのだ、ということがいよいよ見えてくるのではないだろうか。

われわれは「教育の腐敗」とか「地球にやさしい」といった言葉を、ずいぶん金科玉条のようにつかっている。けれども、これはまだまだ分子情報としての問題だけがいかにも

〝正解〟の顔をして提起されているだけであって、この問題にふさわしい分母を適確にさがしあてていないともいえる。たとえば、「海」という分母にとって「地球にやさしい」ということと、「公園」という分母にとって「地球にやさしい」ということとは異なってくる。逆に「地球にやさしい」を分母にするのなら、その分子に「魚」がのるのか、「心」がのるのかでも異なってくる。

もっとはっきりいえば、「民主主義」とか「小選挙区」とか「情報公開」とか「接待禁止」という方針は、はたして「国家」という地模様にふさわしいのか、「社会一般」なのか、どんな「コミュニティ」にも「家族」にもふさわしいものなのか、それはまだわかっていないのかもしれないのである。「ゴミ問題」という問題だって、社会環境という分母から見るのか、それとも生物環境という分母から見るかで、その意味はずいぶん変わってしまうのだ。

以上、エディティング・モードの選択によっては、情報の見方や比較のしかたが大きく変わってくるということである。注意してほしい。

要約編集のための多様な技法

キーノート・エディティングにはさまざまな手法があるということがあらかた了解でき

たかとおもう。どのくらいエディティング・モードの手法があるかというと、編集工学では次のように分類している。

①ストーリー性をいかしたダイジェストによる「重点化モード」
②論旨のアウトライン（骨組）だけに焦点をあてた「輪郭化モード」
③一枚ないしは二、三枚の図にしてしまう「図解化モード」
④論旨の背景となっている考え方との関係を組みこんだ「構造化モード」
⑤別のメディアに変換するための「脚本化モード」
⑥ニュースとして伝える目的をもった「報道化モード」

①の「**重点化モード**」はいわゆるダイジェスト（digest）のことである。

歴史学者アーノルド・J・トインビーの『歴史の研究』は原文全十八巻の大部のものだが、要約版ではこれが一冊になる（日本語版は三分冊）。本人が執筆しただけにデキがいい。子供たちもいろいろダイジェスト編集のお世話になっている。少年少女文学全集のたぐいだ。原作の物語世界はおもいきって短縮してあって、『ホームズ探偵物語』や『三銃士』や『トム・ソーヤの冒険』になっていく。これらは名人クラスの編集術にかかると原作よりもデキがいいときもある。これをもっと縮約すると名作絵本にまで縮めることができる。岩波文庫で四冊になるヴィクトル・ユゴーの『レ・ミゼラブル』はたった十数ページの『ああ無情』という絵本にまで変換できるのだ。

②の「**輪郭化モード**」はパソコンソフトのアウトラインプロセッサーがこれにぴったりあてはまる。〝ACTA7〟とか〝インスピレーション〟といったソフトだ（図02）。ガントチャートとかアウトトライニングとよばれる手法だ。主要な概念を取り出し、これを分岐型のネットワーク・ツリーとして表示する。

もうひとつの「輪郭化」は視覚的な編集に顕著な、線描きによるカリカチュアである。アルタミラやラスコーの洞窟画以来の古代人が最も得意とした輪郭で描く手法だ。いままでもマンガ、似顔絵、デッサン、ドローイングに応用される。とくに似顔絵はまことに巧妙に元の情報的特徴を残している。

③の「**図解化モード**」は内容を図解するもので、これはできばえがすぐ見える。ヘタな図解はかえって何が何だかわからなくなるが、うまい図解はそれがあるだけで、ぐっと理解が進んでいく。〝遺伝子情報のしくみ〟や〝原子力発電のしくみ〟なんていうものは図解がなければとうていわからない。

ここに紹介するのは、書店にあふれている『税金のしくみがよくわかる』といったシリーズの本などでもよく見るタイプの図解例（図03）。これもデキのいいもの、ダメなもの、いろいろある。何をもって見分けるかというと、矢印にポイントがある。矢印の意味がはっきりしている図解を選ぶとよい（矢印の意味が書いてあればいちばん安全）。

私も『遊』では図解をひんぱんに用いるようにした。エディターとデザイナーが気持ちをあわせないと、いい図解は生まれない。図04にあげたのは杉浦康平さんの時間軸変形地図。東京を起点に、最速の交通機関を利用したばあいに変形する、日本列島が浮かび上がっている。図05は歴史の流れについての図解の一例。

④の「**構造化モード**」はよくシステム図とかシステム・フロー図などとよばれるもので、企業ではこれがとびかっている。企業のものはビジネスのためなのでたいてい時間軸がついていて、単なるフローだけではなく、プロジェクトのうちの作業がふくらむところは枠の面積を大きくとっている。科学や技術の分野では、とくに構造化モードは欠かせない。つまりこのモードは〝設計〟にかかわるモードなのである。

⑤の「**脚本化モード**」は〝答案C〟がそれにあたる。情報の流れを会話にしたり、いくつかの場面に分けて再構成するという方法である。シナリオ化（またはスクリプト化）ともいう。

これを専門的にこなすのが脚本家あるいはシナリオライターという職能であるが、演劇

02 インスピレーションによる作図
（編集工学研究所作成／1996年）

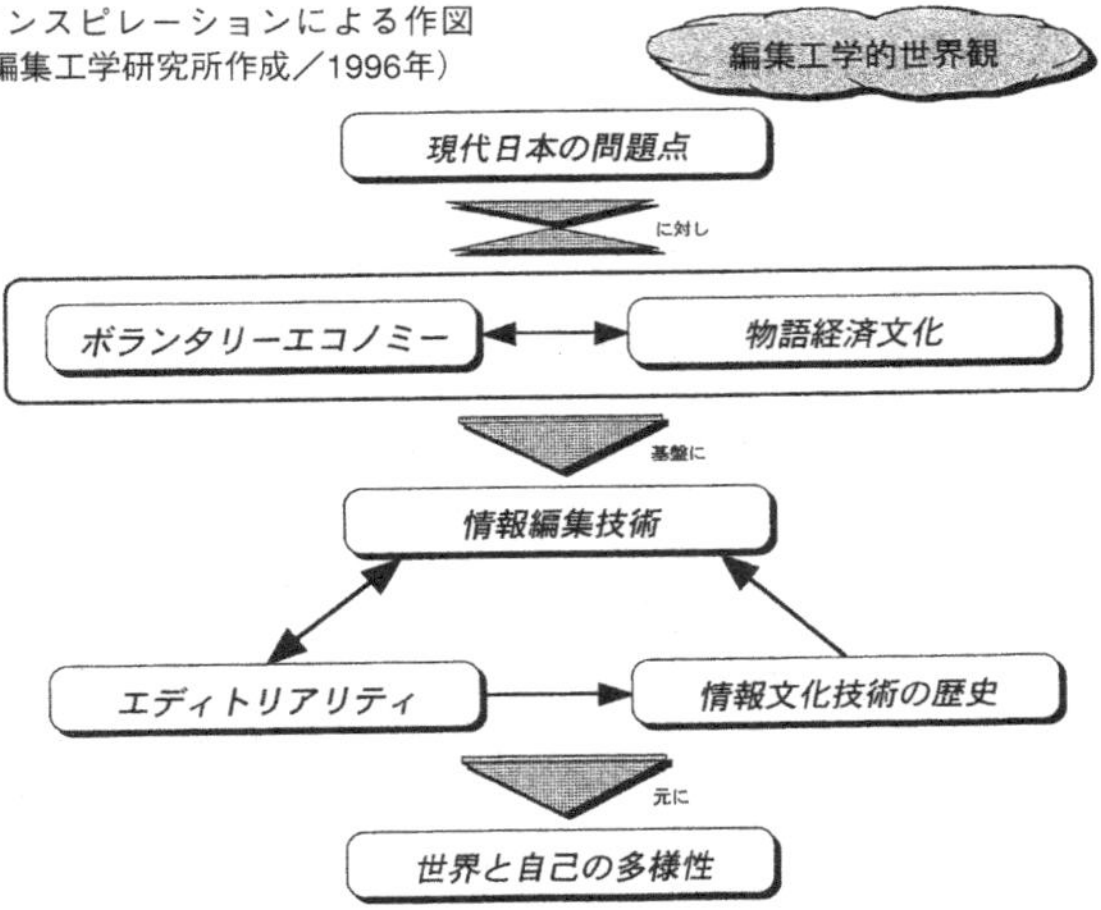

03 今井澂著『２時間でわかる図解デリバティブ』（中経出版）より

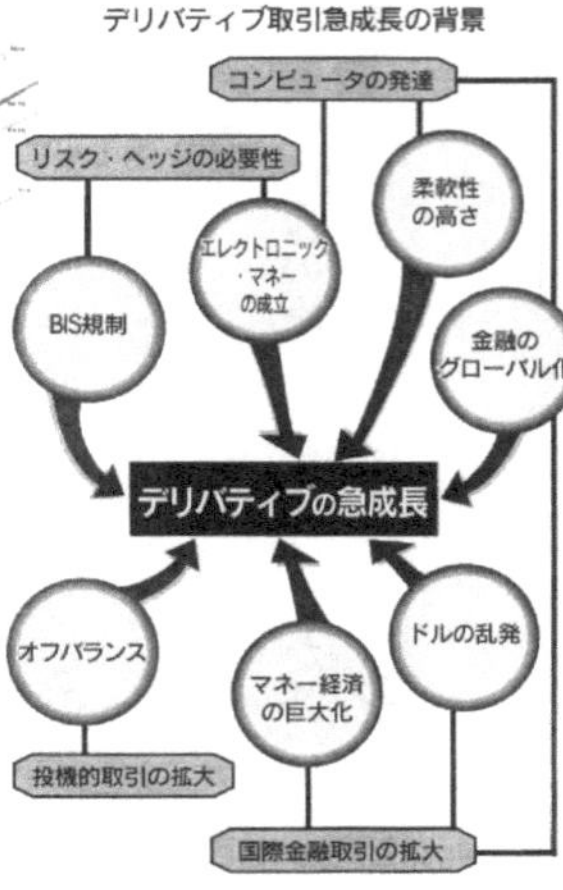

04 名古屋を中心にした日本列島の時間軸変形地図（作図=杉浦康平、中垣信夫、谷村彰彦、白砂昭義、地主南雲／1973年）

05 ギリシャ学派一覧（『遊』4号より）

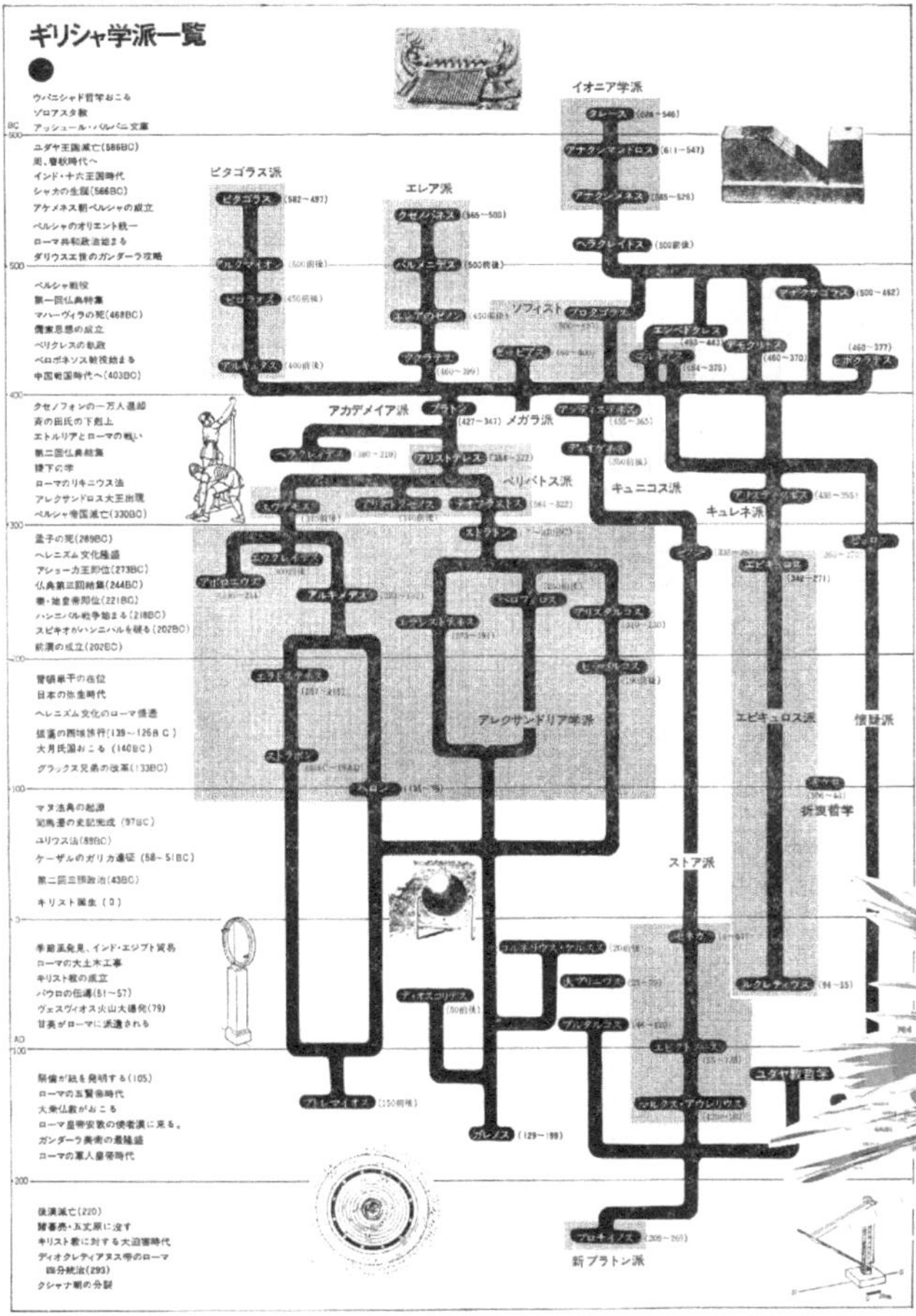

や映画やドラマだけが脚本化なのではない。企業にもイベントにもシナリオは必要だし、プロジェクトにもシナリオライターは必要になる。ただし、ここでいう脚本はコンセプトの流れを示すことだけではなく、そこにどのような対話や場面やナレーションが生まれるかということを重視する。

⑥の「**報道化モード**」はすでにのべてきたように、出来事をニュース記事やニュース番組のように簡潔なかたちにしてまとめる手法である。最もよく知られた、わかりやすい要約法だ。説明するまでもないだろう。ただし、ラジオや新聞とちがって、テレビの報道では必ず映像が必要になるため、ここにフライングが出るばあいがある。「やらせ」はこのときにおこる。

要約法についてのざっとした特質をあげた。いろいろ試していただきたい。なお、これに関連して、のちに読書法の説明のところで（第五章）、マーキングによる要約法を紹介したいとおもう。

では、次は連想法案内であるが、これは次章の冒頭で説明しよう。

第4章 編集技法のパレード

人間文化の進歩の道程においで発明され創作されたいろいろの作品の中でも、「化け物」などは最もすぐれた傑作といわれなければなるまい。

……寺田寅彦

剣道と「鳴らぬさきの鐘」

高校時代に剣道をやっていた。二年ほどだったのでたいして強くならなかったが、体験としてはいろいろおもしろかった。道場に行くと、待合室のようなところに小さな鐘が吊ってある。それを木槌でポンとたたき、その音をゆっくり聞いてから道場に入るようになっていた。その話をしてみる。

ある日の午後も鐘をポンと鳴らし、しばらくして道場に入ろうとしたら、先生が「ちょっと待て」という。湯野正憲という偉い先生である。剣道大会で審判長をしたり、名誉委員をしたりしていたので、斯界ではよく知られている。でっぷり太っていた。三島由紀夫とその湯野先生のことを話したら、「意外なことに、昔はそういう太った剣豪が多かったんじゃないですか、ヒッヒッヒ」と笑っていた。なるほど、そうかもしれないと妙に感心してしまった。

その湯野先生が「ちょっと待て、鐘はもう鳴りやんだのか」というのだ。あわてて「はい」といったら「もう一度、よく聞いてみなさい」。そこでまたポーンと鳴らして、もう大丈夫だろうというところで動こうとしたら、バシッとやられた。ムッとして先生を見ると、怖い顔で「まだ、鳴っておる」。そうかなあとおもったものの、刃向かっても勝てる相手ではないので黙っていた。すると「これは鳴らぬさきの鐘というもので、この前で気がすむまで心をしずめるためにあるのであって、おまえのようにただ聞けばいいというものではない」とおっしゃる。あげくに「おまえも有段者になったら、木槌でたたかずとも鐘の音が聞こえてくるはずだ」とさらに理不尽なことをいう。剣道をしたいのに、これでは座禅をさせられているようなものだとおもったが（まさに剣禅一如を重視した道場だったのである）、がまんしたものだった。

その一週間後か、一ヵ月後のことだったか、ある友人に誘われて映画好きの大学生の会のようなところへ行ったところ、そこで上映されたルイス・ブニュエルの『アンダルシアの犬』を見ているうちに、驚くべきことがおこった。

ダリが加わって制作されたその実験的な映像を見ていると、なにかの加減でその映像がさきに進まないうちに、自分のイメージが触発されて映像の前に進んでしまうところが多かったのだ。「鳴らぬさきの鐘」ではないが、「見ぬさきの映像」なのである。妙に湯野先生が偉くおもえたものだった。

のちのちこれがシュルレアリスムというものかと合点はしたのだが、この二つの体験が私にイメージとかイマジネーションというものがただならないものだということを告げてくれたのだった。どうも知覚と対象のあいだには「次々に先をいくものがあるらしい」ということである。

連想ゲームにひそむもの

さて、前章では要約法についてかなり広範な渉猟を試みてきた。編集術にとっては土台にあたる作業なので、まずまず理解できたかとおもう。

で、次は連想法の紹介になるのだが、連想法は要約法よりもちょっと難しい。というよりも、やたらに広い。連想法とは何によって何を連想するかということで、まさに「鳴らぬさきの鐘」というか、「次々に先をいくものがあるらしい」ということをめぐる編集術である。つまりは「そこにあるもの」から「次にあるもの」へ跳んでいくことだ。ただすぐに察しがつくように、誰が何によって何を連想するかということは、一様ではない。人によって連想のイメージはかなり異なってくるし、その連想のスピードや幅もまちまちである。そのため連想法といっても広くなる。そこで、ここでは底辺のところにふれておくだけにする。

連想とは何かということは、とりあえずは、いわゆる「連想ゲーム」を思い浮かべるとわかりやすい。

連想ゲームは伝言ゲームとか、英米では電話ゲームなどとよばれているもので、たとえばAが「太鼓腹」というと、Bが「相撲とり」、それをうけてCが「満員御礼」、つづいて

D以下が「すしづめ↓箱入り↓良家の子女↓お嬢さん↓おぼっちゃま↓クレヨンしんちゃん」などというふうにつなげていく。最後に「太鼓腹のクレヨンしんちゃん」になったことで、子供たちははしゃいだりもする。

が、子供の遊びだからといって馬鹿にしてはいけない。連想ゲームにひそんでいる編集術的な特徴は、少なくとも三つある。

第一には、どんなひとつの事項からもたくさんのイメージ・オプションが想定されうるということである。

たとえば「ビートルズ」から連想できるものは、ロック、ロンドン、リバプール、四人組、マッシュルーム、六〇年代、イエスタデイ、イエロー・サブマリン、ジョン・レノン、オノ・ヨーコ、ピーター・マックスなど、いろいろである。「眼鏡」から連想できるもの、「山」から連想できるもの、「国家」から連想できるもの、「とても小さなもの」から連想できるもの、これらもいろいろだ。これは、そもそもひとつの言葉はたくさんのイメージ・オプションに囲まれているということを暗示してくれる。

言語学や記号学では、ひとつの記号がどのような複数の意味に対応しているかということをつねに問題にするのだが、連想においてはまさしく「一」から「多」が次々に派生する。編集術は、このイメージ・オプション力に注目をする。「をかし」「小さきもの」を連発する『枕草子』は、才女が綴ったイメージ・オプション・エッセイなのである。日本ではこうした手法を「つくし」と言った。花尽くし、虫尽くしの「つくし」だ。

第二に、連想ゲームではそのたくさんのオプションのうち最初に浮かんだイメージがすばやく選択されている。連想ゲームはスピードを要するので、あまり考えていてはつまらない。そこで最初に浮かんだイメージの言葉がおもわず選択される。

これが案外大事なことなのだ。編集術ではひとつの言葉の上に寝そべっていてはいけない。いつもイメージや言葉の上をスキップしている必要がある。それには、連想ゲームのように、おもいついた言葉をパッと言ってみるのがひとつの訓練になる。大人も試みるべきことなのだ。

実際にも大人たちがこれに準じて遊び、もっと高度に発展させたものが、日本の連歌や連句というものである。また、そこに地口《じぐち》や洒落《しゃれ》を入れこんで洗練させていったのが、大喜利として知られる「ものはづけ」などの遊びである。今日でも、芸能タレントたちがこの連想スキップの芸に日夜の一瞬を賭けている。

第三には、連想ゲームでは、自分が連想したイメージは他人の連想とはちがっている可能性が高いにもかかわらず、そのイメージをすぐに許容して自分も次の連想にとりかかるようになっている。ようするに、他人の提供した言葉に相乗りをするしかないようになっている。いわば他人が出した言葉の縁側に坐り、その縁側に属するイメージから言葉を持ち出してくる。

これは編集術にとってもたいせつな〝仁義〟になる。第一章でのべた「相互共振」であるが、日本ではこのような趣向を「つなぎ」とか「そろい」とか「ならび」といって重視した。また、そのように何人か、あるいは何十人かで集まって遊ぶ者たちを、江戸時代になると「連」とか「組」とか「社中」と称した。

情報はひとりでいられない

このように連想ゲームにはいくつもの編集術のヒントが隠れているのだが、これをもうすこし深めると、連想の基盤というものがどのようにできているかということが見えてくる。連想の基盤は「同義的連想」によってつくられる。

さきほどものべたように、連想とは「そこにあるもの」から「次にあるもの」へ跳ぶことである。この跳びが成立するには、「そこにあるもの」のイメージ・サークルがすこしゆるんでこなくてはならない。ガチガチではダメである。ちょっとゆるんでくる。そうすると、「次にあるもの」としてのイメージ・オプションが出やすくなってくる。それにはどうするか。「いいかえ」をしてみるのである。これが同義的連想になる。

【編集稽古】10　ここに一個のガラスの「コップ」がある。それをいろいろ言い替えてみてほしい。連想ゲームではなく、一人で「いいかえ」をするのだ。できれば二、三十の同義性をおもいつきたい。ただし「コップ」がもつイメージ・サークルからはずれてはいけない。ヒントはコップの分母や特徴や使用法をおもうことである。

このエクササイズは編集工学研究所でしょっちゅうおこなっているもので、とくに新人はこれで試される。では、どうするか。「コップ」の分母をひとまず「容器」とか「食器」と言い替えられればしめたもので、そこからずるずると同義的連想が動いていくはずだ。たとえば次のように。

コップ、グラス、ガラス、ガラス製品、ガラス加工品、製品、商品、食器、西洋食器
日用品、日常品、家庭用品、生活用品、生活必需品、道具、雑貨、グッズ
容器、器物、いれもの、うつわ、水入れ、透明な物体、物体、もの、事物
手でつかめるもの、手にのるもの、液体を入れるもの、デパートに売っているもの
歯ブラシ立ての代わりになるもの、花入れの代わりになるもの

うがいのための道具、外から中が見えるもの、古代からつくられていた道具
珪素化合物、外来語、カタカナ三文字で表示されている言葉
促音を伴った言葉、CUP（そのほかの各国語）……

なーんだ、そういうことか、と侮ってはいけない。これらはすべてコップというものからはずれていない言葉であり、コップに対応するしっかりとしたイメージ・サークルであり、つまりは同義的連想群なのである。

連想は、これらの同義的連想を基盤にして次々におこっていく。そして、それらにもとづいてイメージ・オプションを開花させていく。

この「いいかえ」のことを編集工学では「同義性の拡張」、または「意味のシソーラスづくり」といっている。シソーラスとは同義語や類語のことをいう。類語辞典の各項目にしるされていることとおもえばいいだろう（ちなみに類語辞典は編集術必携のツールのひとつである）。

そもそも情報というものはじっとしていられない。また、孤立してもいられない。私はそのことを『知の編集工学』（朝日新聞社）で「情報はひとりでいられない」というふうに言ってみた。けっこう流行った。

これをもうすこし複合的にいうと、「情報はつねに乗り換えている」「情報はつねに着替えている」「情報はつねに持ち替えている」というふうになる。すなわち情報はハダカではなく、さまざまな乗物に乗り、いろいろの着物を着ていて（それが地模様と図柄に分かれるわけだ）、さらに持物をあれこれ持ち替えているというわけなのである。編集術はその底辺において、この乗物、着物、持物に支えられているといってもいいだろう。

連想はこのような情報の多様性や変換性をたくみにとらえて、「そこにあるもの」から「次にあるもの」へ跳んでいく編集術である。その根底は同義性がつくっている。まず同義空間があり、そして連想空間がそこから縁側を張るように、添い寝をするように、縁側に連接するように、広がっていく。

「いいかえ」が思想をかたどっていく

私はこれまでずいぶん多くの人から「ぼくはあまり本を読まないようにしている」と聞いてきた。そのうちの半分はたんに怠惰なせいであるようにみえたが、のこり半分は言葉を信用していないという理由によっていた。

たしかに言葉は信用するものではない。すでにいろいろのべてきたように、言葉は広がりをもつものであり、多様性と多義性の海にゆらめいているものなのだ。だから言葉を厳密につかおうとすると、たいていはムリ（無理）が生じてくる。そのムリを承知で、ムリをドーリ（道理）にしようというのが学問や思想というものである。しかし、編集術としてみると、そのムリからドーリを導く方法にはしばしば敬服させられるものもある（もちろんひどいものもあるし、ひどいほうが多い）。

とくに同義的連想は、つまり「いいかえ」は、学問や思想のなかでも頻繁におこっている。むしろ「いいかえ」をちゃんとしたかどうかを互いにチェックしあっているのが学問や思想というものだといってもいいすぎではない。だから難しそうな論文だとおもって敬遠することはない。

たとえば次のエクササイズにあげたような文章は、一読するとなかなかややこしいことを書いているようだが、実は文中で次々に「いいかえ」をしているわけであり、それにならって読者もまずは同義的連想を、ついで好きなように連想の翼を広げていけばいいのである。そこに連想法のおもしろさというものもある。

【編集稽古】11　次の三つの文章はどのように「いいかえ」をしているのだろうか。また、これらをさらに自分にとってわかりやすい言葉で「いいかえ」をしてみてほしい。それには、このことを子供に伝えようとしてみるとよい。

1　類型学とはむずかしいことばである。しかし類型学は形態学と言ってもいいのである。ただし類型学と言うときにはその背後に「原型」という観念がある。

（養老孟司『日本人の身体観の歴史』より）

2　貨幣、真理、権力は、いずれも縮減された複雑性を伝達するのに役立つ一般化されたコミュニケーション・メディアである。

（ニコラス・ルーマン『信頼』／大庭健ほか訳より）

3　活動者は常に他の活動者の間を動き、他の活動者と関係をもつ。だから活動者というのは、「行為者」であるだけでなく、同時に常に受難者である。

（ハンナ・アーレント『人間の条件』／志水速雄訳より）

最初の1の文章は、類型学を説明するにあたって、それは形態学に似ているが、その似ているイメージ・サークルから「原型を背負った形態学」というイメージを引っぱりだせば、それが自分の言いたい類型学になると説明しているわけである。そこには「類型学≒形態学≒原型性」といった同義的連想がはたらいている。

2の文章は、ずばり「貨幣≒真理≒権力≒縮減された複雑性≒一般化されたコミュニケーション・メディア」という同義的連想だ。もちろん、貨幣と真理と権力を同義的にならないべ、そこに「縮減された複雑性」を見立てたこと、そこにもろもろのコミュニケーション・メディアとそうは変わらない特色があらわれるとみなしたことが、ルーマンの編集力なのである。3の文章は、ふつうに「活動者は受難者である」といえば相反する概念をイコールで結んでしまっているようなのだが、そこに「他者との関係」という合わせ鏡をもってきたところが、アーレントの思想になっている。が、これらはいずれも「いいかえ」であり、「らしさ」の追求なのである。

十二の編集用法にとりくむ

連想法についてはこのくらいにして、このあたりで、これまでの要約法と連想法に代表されてきた編集術を、さらに一般的な視野で紹介しておこうとおもう。

ここに紹介するのは編集工学で「編集用法」といっているものである。すべて本書がここまでのページのどこかで扱ってきたものだ。まず一覧を掲げておく。

◎編集用法の一覧

A・情報を収集して分類する
B・情報を系統樹やネットワークにする

C・情報群をモデル化あるいはシミュレーション化する
D・情報の流れに入れ替えをおこして、意味を多発ないしは沈静させる
E・情報の多様性にオーダーやルールが生まれるようにする
F・情報を年表や地図や図表にする
G・情報群に引用や注釈を加えていく
H・演劇や音楽や舞踊や芸能などを編集する
I・デザインや装飾をする
J・異文化コミュニケーションを可能にする
K・ゲームやスポーツや競技をつくる
L・遊びのための編集をする

だいたいの見当はつくだろう。これはかなりラフな分類で、編集の方向性のようなものがおおざっぱに見えればいいという構成になっている。それでも十数種類の用法に分かれる。まあ、このくらいの編集用法があるのだということがわかればいい。

ごく簡潔にそれぞれの説明をしておこう。よく読んでもらえば、かなりのことが見えるように説明しておいたので参考にしてほしい。また、これまで記述してきたこととも関連

づけられるようにしておいた。

A・情報を収集して分類する

誰もが情報ファイルをつくったりするときにしていること、コレクターがやっていることいること（収集分類）にあたる。なんといっても分類は情報編集の最もオーソドックスな王者であり、その第一歩。が、すこし高度になると辞書や事典の編集者がやっていることなどにあたる編纂になっていく。つまりコンパイルに進む。

分類はわかりやすくいえば整理法だが、整理法では辞書まではつくれない。整理法がつまらないのは、情報をただ整理袋に分けようとしてばかりいるからだ。おもしろくするには分類された情報に関する辞書（一言辞書でもよい）をつけてみることだ。

B・情報を系統樹やネットワークにする

単なるファイリングではなくて、そのファイリングされた情報の主要なアイテムに系統性や関係性をつけておくための編集。コンピュータによる編集では「リンキング」という。日本の和歌の世界では、これを歌語や縁語で結ぶ。

問題は、その系統性や関係性をどのように表示しておくかということで、最もオーソドックスなのが系統樹をつくること、およびピラミッド型の階層構造をつくること。階層構造は初歩的には三層程度が見えやすい。この階層構造でできあがったものを「階層知」という。その系統樹を二つ以上にわたって多重に関係づけると、そこにネットワーク図が生まれる。編集は系統樹から系統網へと進む。

C・情報群をモデル化あるいはシミュレーション化する

モデリング（模式化）あるいは模擬化のための編集。各国語の基本文法、契約書の雛型、蒸気機関のモデル、建築設計のためのモデル、セザンヌらが自分の絵のためにつくった構図、などを想定してもらえばよい。

スポーツゲームの戦略をたてるとき、学校の科学実験の道具立てとそのやりかたなども、この方法をつかう。これを「模擬編集」「シミュレーション編集」という。○×式の試験問題、ピアノによる作曲なども模擬編集によって作られる。このようなモデリング編集あるいは模擬編集を一般的な行動型に拡張したものを「リハーサル編集」という。人間の記憶もモデリングとシミュレーションとリハーサルの組み合わせでできている。なお、ユング派の精神医たちが用いている箱庭療法なども一種の「模擬編集」の応用（図01）。

D・情報の流れに入れ替えをおこして、意味を多発ないしは沈静させる

単純には、第一章に紹介した「句読点をつける編集」なのだが、情報が多くなったり表現レベルが高くなってくると、句読点やポーズだけではまにあわない。そこで推敲《すいこう》やブラシアップがされる。これを「推敲編集」という。最もわかりやすい例は俳句や短歌の〝なおし〟。このとき俳句ではおおむね意味の沈静がおこることのほうが多いが、ロックやラップの歌詞は逆に意味の多発を好む。

しかし情報がはるかに多いばあいは、推敲よりも「分節編集」および「文脈編集」が役に立つ。これはまず分節をたくさんつくる。ついで、その分節グループごとに、そこにふくまれる意味の可能性を列挙する（たいていはシソーラス＝同義性を拡張する）。次に、これら

01 河合隼雄編『箱庭療法入門』（誠信書房）より
筆者注・箱庭療法は、与えられたツールを箱庭に好きなように並べていくというもの。その配置をくりかえすうちに治療が進む。

が入れ替え可能かどうかをはかり、文脈の保存の度合（これが前章にのべたモードにあたる）をテストする。これらの編集を通して情報に際立ちをあたえるわけである。このような編集は作曲法、教育プログラム、イベント構成などにも応用できる。

E・情報の多様性にオーダーやルールが生まれるようにする

ルールづくりのための編集。ただし、ルール（規約性）とともに、ロール（役割性）の発生やツール（道具性）の開発がともなうことが多いので、ルール・ロール・ツールをひとかたまりの編集対象のキット、三点キットだとみなしたほうがいい。

ルールをつくる最初の段階は、ミシュランの星印ではないが、情報にたいして軽重関係や包含関係や相似関係をつけるのがわかりやすい。数学でいえば「＝」「≒」「＜＞」といった関係をつける。次に、そこに規範外のものを設定する。「はずれ」をつくる。そうすると、ここからいよいよルールが発生する。つまり序列をつくり、情報に規制をもうけるための編集である。すでにのべた「法的編集」がここに入る。ちなみに「法」は同義的連想の注連縄《しめなわ》のようなものだが、その連想度をできるかぎり狭いものにするのがミソ。

F・情報を年表や地図や図表にする

すでに誰もがお世話になっている編集用法なので、とくに説明を要しないのではないかとおもう。しかし、私はこの用法が大好きなのである。十代のころからいろいろな年表づくり・地図づくり・図表づくりにとりくんできた。なぜなら、誰もが知っているものなのに、これほど編集のしかたによって特徴が変化する方法もないからだ。

参考に、編集工学研究所が編集した『情報の歴史』（NTT出版）という年表をあげておく（図02）。この年表は国別の縦割りをすることをやめ、しかもトラックごとに情報の流れの特徴が出るようにした。かつて誰も試みなかった手法としては、年表の中に大小のヘッドライン（見出し）を入れたことである。前代未聞といわれたが、すこぶる評判がいい。ちなみに、この『情報の歴史』は電子構造化されて、二〇〇〇年より慶応大学や東京工科大学の研究システムに導入される。「クロノス」システムと呼ばれる。

G・情報群に引用や注釈を加えていく

引用や注釈はしばしば「テキスト編集」ともいわれるもので、文学研究や思想研究ではごく基本的なものである。最近はとくにポストモダン理論とともに深化し、複雑にもなっている。

が、実際には訓詁学として古代中国の学者によって、経典解釈学としてユダヤ教のラビやキリスト教の神学者によって、すでに厖大なテキスト編集がとっくの昔に着手されていた。私は『空海の夢』（春秋社）を書くにあたって、空海には中国古典研究者の鄭玄らの成果からの孫引きが多いのに驚いたほどだった。逆にいえば、空海は日中の文献を駆使した

1600

自然の解剖へ

ギルバートのテレラ

1600 ウィリアム・ギルバート「磁石論」【英】
ヒエロニムス・ファブリキウス（アクアペンダンテの）『卵の発生に』でニワトリの胚発生段階を研究【伊】
レーマン、宝石切断技術をカットグラス製造に応用【仏】
マテオ・リッチ、「山海輿地全図」を刊行【明】
蘭船リーフデ号豊後漂着。ウィリアム・アダムス（三浦按針）が幾何学、航海術を伝える【日】
● 初の農書『親民鑑月集』成立【日】
1601 『針灸大成』紅蘇省揚継洲【明】
中宗代医任彦国『治腫指南』（腫瘍の治療）【日】

1602 サンクトリウス（サントリオ）、鑑別診断の著作中、脈拍計を記述（初めて脈拍数に注目）【伊】
プラハの理髪医マチス、ナイフ呑み芸人マテアスの胃手術に成功【チェコ】
リッチ「坤輿万国全図」（翌年李朝に伝来、まもなく日本に伝わり世界図屏風流行）【明】

ファブリキウス生体学

1603 アクアペンダンテのファブリキウス、静脈弁を発見【伊】
チェシ、ローマ科学アカデミーを設立【伊】
フランス、大西洋・地中海運河（ミディ運河）着工、81年完成
李時珍「本草綱目」再刊【明】
江戸城、石垣築城と城下町建設はじまる【日】

輸血

1604 蛇座と白鳥座に新星出現（ケプラーの新星）
オランダ医、中国で脚気を記録
パラケルスス派バシルス・バレンティヌス『アンチモンの勝利の戦車』『アンチモンの受難録』【独】
医師ベーゲル、輸血を行う【独】

ベーコンの学問論

1605 フランシス・ベーコン「学問の進歩」【英】
三浦按針、西洋型帆船を伊東で建造【日】

1606 パリ水道の最初の主幹線が完成【仏】
● ゾンネフェルト、リボン織機の特許認可【独】
ガリレイ、コンパスを発明【伊】
京都にアカデミア設立される【日】
角倉了以、山城大堰川の船路を完成【日】
1607 リッチ漢訳『幾何原本』刊行【明】
ウィルヘルム・ファブリキウス（ヒルデンの）『火傷の分類』独外科学の祖【独】
角倉了以、富士川に船路【日】
曲直瀬玄朔『医学天正記』（治験集を著す）【日】

1608 クラヴィウス「代数学」【独】
リッペルスハイ、望遠鏡を発明【蘭】

顕微鏡 発明ヤンセン父子 発売ドレッベル

ヤンセン父子の複式顕微鏡を友人ドレッベルが発売【蘭】
徐宏祖、30年の国内旅行に出る。後に『徐霞客遊記』10巻を著す【明】
曲直瀬道三、曲直瀬玄朔『薬性能毒』【日】

ケプラーの法則

1609 ケプラー『新天文学』で「惑星の楕円軌道」発表（惑星の第1、2法則）【独】

ガリレイの天体望遠鏡

ガリレイ、望遠鏡で天体観測、木星の衛星や月面の凹凸を発見【伊】
ベーコン『古人の叡知』【英】

クロルの徴候学

オスワルド・クロル『化学の聖堂』、付録『事物の徴候について』【独】
ボエティウス・デ・ボート「宝石および鉱物誌」【独】

ルネッサンスとバロック

1600 ヤコポ・ペーリ曲［エウリディーチェ］上演（現存する最古のオペラ作品）【伊】
カヴァリエリ曲［魂と肉体の劇］【伊】
アルトージ「現代音楽の不完全さ」【伊】

カルラッチ一族とボローニャ派 アルバーニ ドメニキーノ

カルラッチ、ローマ［ファルネーゼ宮殿天井画と装飾］など（ボローニャ派おこす）【伊】
グレコ画［ラオコーン］［キリストの洗礼］【西】
ルーベンス、マントヴァ公の宮廷画家に【白】
宋旭画［山水図巻］【明】
大徳寺聚光院［金堂庵極楽殿］建立【朝】
1601 カラヴァッジオ画［聖パオロの改宗］、カルラッチ画［聖母被昇天］【伊】

カッチーニとヌオーヴェ・ムージケ

カッチーニ曲［新音楽（ヌオーヴェ・ムージケ）］刊（通奏低音が一般化）【伊】
パウル・フランク『宝庫』（花文字千本集）【仏】
海北友松画［飲中八仙図屏風］【日】

1602 ルーベンス画［十字架建て］［荊の戴冠］【白】
モンテヴェルディ、マントヴァ宮廷楽長【伊】

風神雷神図 俵屋宗達 王朝再興匠

俵屋宗達画［風神雷神図］建仁寺【日】
長谷川等伯画［商山四皓図襖］天授庵方丈【日】
1603 董其昌画［霜林蕭寺書巻］【明】
二条城［二の丸御殿］完成【日】
国領出自助佐衛門、金春の小鼓を打つ【日】

1604 ルーベンス、マントヴァで［三位一体］［キリストの礼拝］［キリストの変容］など制作【伊】
カレル・フォン・マンデル『画家の書』【白】
程君房著『程氏墨苑』【明】
狩野内膳画［豊国祭図屏風］【日】
毛利輝元、李弓光に命じ秋焼をおこす【日】
1605 ドメニキーノ画［一角獣と少女］【伊】
グレコ、祭壇画をめぐる裁判で勝訴（以後教会用作品は非課税）【西】
フェルナンデス画［死せるキリスト］【西】
董其昌画［瀟湘図巻跋］【明】
京焼、おこる【日】

光悦と宗達 ルーベンスとバロック絵画

1606 カラヴァッジオ、友人を殺害、ローマ脱出【伊】
彦根城天守完成【日】
俵屋宗達画、本阿弥光悦書［金銀泥下絵色紙］【日】
1607 カルロ・マデルノ設計［サン・ピエトロ寺院身廊］【伊】
ゾンカ「機械と建築の新しい劇場」【伊】

ツッカーリ兄弟

フェデリコ・ツッカーリ『画家、彫刻家、建築家のイデア』【伊】
モンテヴェルディ、最初の本格的オペラ［オルフェオ］上演【伊】
アガッツァーリ「通奏低音奏法」【伊】
北野天満宮［本殿・社殿］【日】

1608 サングレゴリオ・マーニョ聖堂祭壇画、レニとドメニキーノに依嘱（ボローニャ派主流へ）【伊】
フレスコバルディ、サン・ピエトロ大聖堂オルガニストになる【伊】

三才図会 王圻の情報画

王圻『三才図会』【明】
［姫路城］完成【日】
1609 カラヴァッジオ画［キリストの埋葬］【伊】
ルーベンス、フランドルでアルバート公の宮廷画家に任命【白】
エルスハイマー画［聖家族のエジプト避難］【独】

読者と観客

シェイクスピアと世界劇場

1600 シェイクスピア「お気に召すまま」【英】
エリザベス王朝期のテムズ河畔、劇場隆盛（シェイクスピアの地球座、白鳥座、薔薇座ほか）【英】
フランシス・ド・マレルブ『マリ・ド・メディシスに捧げるオード』『デュ・ペリエを慰める詩』【仏】
● モンゴル年代記『アルタン・トプチ』完成【蒙】
細川幽斎、智仁親王に古今伝授【日】
烏丸光広『耳底記』【日】

ハムレット

1602 シェイクスピア『ハムレット』【英】
ウィリス『速記術』（初のアルファベット略記法教本）【英】
江戸城に富士見文庫【日】
1603 サロン・ドートンヌ創設【仏】

出雲の阿国

京都で出雲阿国の歌舞伎踊り【日】
冨春堂から木活字本「太平記」（初の民間出版）【日】
「日葡辞書」キリシタン版刊【日】

メルキュール・ド・フランス

1604 シェイクスピア「オセロ」【英】
ヘンリー王子一座、旗揚げ【伊】
ナサニエル・リチャーズ『メッサリーナ』【英】
ロバート・コードレー『難語アルファベット表』（最初の英語辞書）【英】
ローデヴェイク・エルゼヴィール、初の書籍競売会、ライデン【蘭】
西欧初の新聞【アントワープ】
仏初の新聞『メルキュール・ド・フランス』創刊【仏】
豊国神社臨時祭、風流踊り流行【日】

ドン・キホーテ セルバンテス第1部

1605 セルバンテス「ドン・キホーテ」第1部【西】
アリアーナ「イスパニア史」【西】

イニゴー・ジョーンズとベン・ジョンソン 「黒の仮面劇」上演

イニゴー・ジョーンズとベン・ジョンソン作［黒の仮面劇］上演（ジェームス1世の宮廷で、機械仕掛けと遠近画法絵画術を駆使）【英】
マレルブ、アンリ4世の宮廷詩人に【仏】
タバコの渡来、喫煙ひろまる【日】

1606 ギシャール「諸原の調和」
シェイクスピア『マクベス』『リア王』【英】
ベン・ジョンソン『ヴォルポーニ』【英】
デツィマトール「語彙の森の箱」
ヨセフ・スカリゲル「年代宝鑑」【伊】
豊臣秀頼「帝鑑図説」絵入本、木活字印刷【日】
1607 オノレ・デュルフェ「アストレ第1部」【仏】
トプセル「四足獣」【英】
徳川秀忠、江戸城で観世・金春の能を上覧、同年出雲阿国の歌舞伎踊りを催す【日】

1608 シェイクスピアの劇団、黒僧座で活動【英】
ジョン・ダン「自殺論」【英】
ジョン・ディー没（蔵書4000冊）【英】

嵯峨本 角倉素庵 本阿弥光悦

角倉素庵・本阿弥光悦、嵯峨本「伊勢物語」【日】
京都に民間出版業者【日】
1609 シュトラスブルクで「レラツィオーン」紙（ヨハン・カルロス）、ヴォルヘンビュッテルで「アヴィーサ」紙発刊【独】
● 叙情詩人マリーノ・キャブレーラ活躍【伊】

アンブロシアーナ図書館 ミラノのボロメオ伯

ミラノのボロメオ伯、アンブロシア学芸蔵書を一般へ公開（アンブロシアーナ図書館）【伊】
トゥルシー・ダース「ヴィナエ・パトリカー」【印】
仮名草子「竹之介」【日】

この頃、江戸いよいよ大都会となりて、諸国の人輻湊し繁昌大かたならず、四方の遊民等身のすぎわいをもとめて雲霞の如くあつまる。
『東照宮御実紀』

BC6000以前 / BC6000 / BC2200 / BC1200 / BC600 / BC300 / 0 / 300 / 600 / 800 / 1000 / 1200 / 1300 / 1400 / 1500 / 1600 / 1650 / 1700 / 1760 / 1810 / 1840 / 1860 / 1880 / 1890 / 1900 / 1910 / 1920 / 1930 / 1940 / 1950 / 1960 / 1970 / 1980

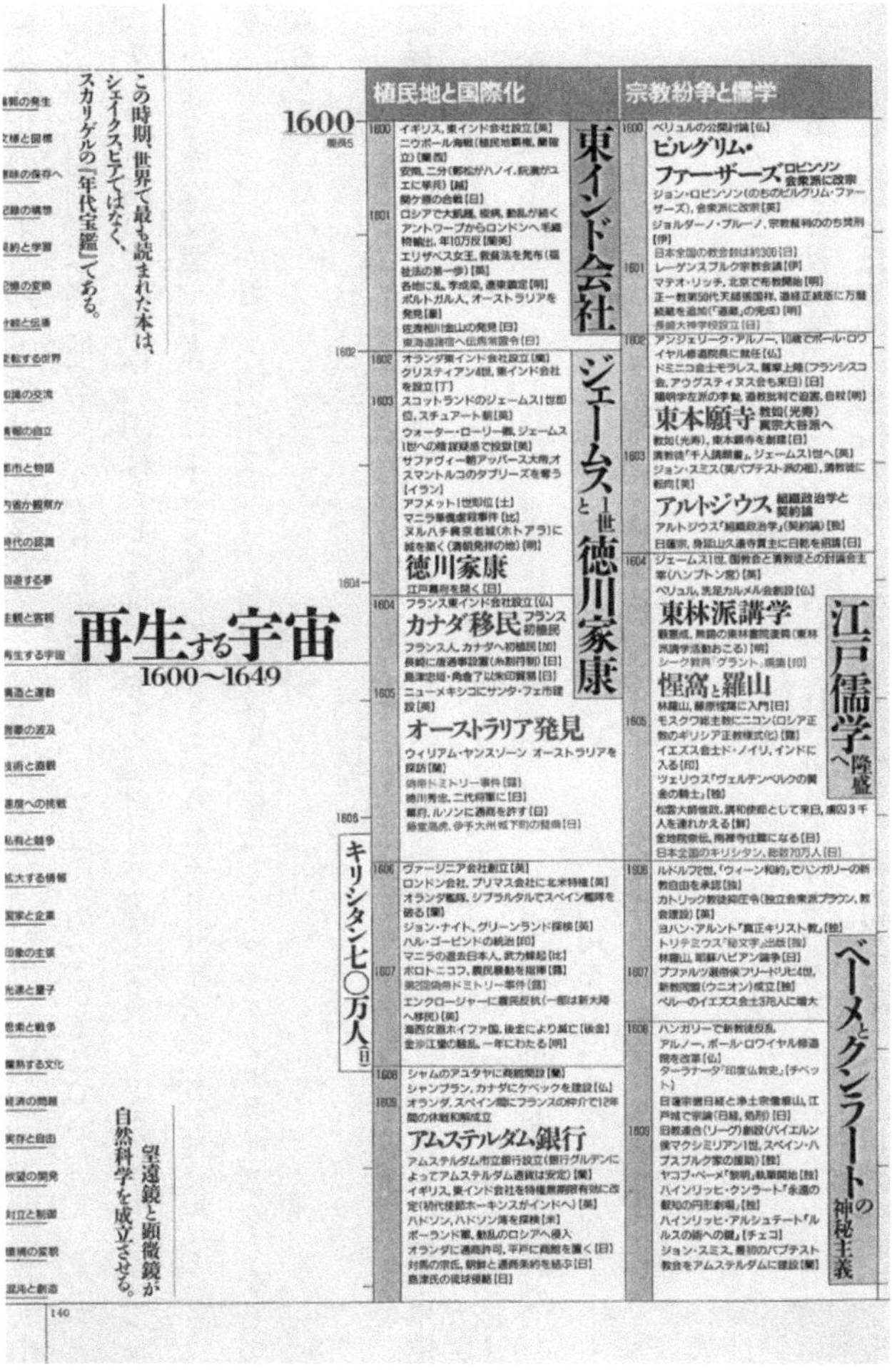
この時期、世界で最も読まれた本は、シェイクスピアではなく、スカリゲルの『年代宝鑑』である。

再生する宇宙 1600〜1649

望遠鏡と顕微鏡が自然科学を成立させる。

植民地と国際化

宗教紛争と儒学

1600

東インド会社

ジェームス1世と徳川家康

徳川家康

カナダ移民 フランス初植民

オーストラリア発見

キリシタン七〇万人〔日〕

アムステルダム銀行

ピルグリム・ファーザーズ ロビンソン会衆派に改宗

東本願寺 教如（光寿）真宗大谷派へ

アルトジウス 組織政治学と契約論

東林派講学

惺窩と羅山

江戸儒学へ隆盛

ベーメとクンラートの神秘主義

02 松岡正剛監修『情報の歴史』（ＮＴＴ出版）より

編集哲学の持主だったということになる。日本文化では、引用や注釈は「本歌取り」や「見立て」をもって、研究というよりも表現世界にこそはりめぐらされていた。

テキスト編集の編集術の訓練としては、たとえば自分で適当な長さの文章を書き、これをさまざまな文献や事典類によって補っていくというエクササイズ（これを補完編集という）、あるいは、自分が好きな引用文だけで自分の文章を構成してみるエクササイズなどをしてみるとよいだろう。

【編集稽古】12　次の文章は埴谷雄高の『夢について』の原文の一節を、故意に最小単位の文章からしだいに増殖させて再構成したものである。これをヒントに、たとえば「子犬が走っていた」とか「東京に雨が降っている」とか「国家は幻想かもしれない」といった文章を自由に増殖させてみてほしい。ときに引用をもちこんでみるのもおもしろい。

a・夢とは単色の世界である。
b・夢とは感情の強さによって構成された単色の世界である。
c・夢とは原始の感情の強さによって構成された世界であって、白昼の判断を取り去ったあとの単色の世界である。

d・夢とは、恍惚、恐怖、悲哀など原始の感情の強さの要素によって構成されたひとつの世界であって、白昼の思考から判断の諸要素を取り去ったあとの単色の世界である。

e・夢とは、無限の連続性、恍惚、恐怖、悲哀など原始の感情の強さの要素によって構成されたひとつの世界であって、それは、一見、白昼の思考から判断の徹底性にまつわる諸要素を取り除き去ったあとの単色の世界であるかのごとくに見える。

f・夢とは、不思議さの喪失、偶然とによってつながれた無限の連続性、絶えざる自己の登上、恍惚、恐怖、悲哀など原始の感情の強さなどの要素によって構成されたひとつの世界であって、それは、一見、白昼の思考から判断の徹底性にまつわる諸要素を取り除き去ってしまったあとの単色の世界であるかのごとくに見える。　（これが原文）

H・演劇や音楽や舞踊や芸能などを編集する

ほとんどの芸術行為には編集的作用が入っている。このことは原始古代の芸能や美術の発生を考えてみればすぐさまわかることで（アニミズムやシャーマニズム）、それらは出産や疫病や死や豊作などといった人知をこえる現象を、当時の人々の生活につなげるための編集だったのである。そこから絵画や音楽が、またバレエ・オペラ・能・歌舞伎などの芸術が派生した。

やがて、科学が発達してこれらの神秘はなくなり、芸術からもしだいに超越的なものが後退していったが、そのぶん「人間」あるいは「社会」が新たな謎として出現し、結局は多くの芸術行為はこれらの謎をつなぎとめる編集を前提に発展してきた。そのような目で現代芸術の諸相も眺めてみたい。

というような理屈をべつにすると、ここでは編集術としてのスコアリングやノーテーションに注目するとよい。これを「記譜編集」という（詳しくは第六章参照）。ここには、五線譜やコレオグラフ（舞踊譜）の発明から、舞踊の振付、能や歌舞伎などの所作のしくみ、さらにはバウハウスがしきりに探求したようなデザイン作法、コンピュータ技術がからむCADシステムやCG構成法などが、ふくまれる。

I・デザインや装飾をする

前項Hに説明したことと関連するが、古代における装飾がすでに示威や呪能のための視覚的編集であり、近代におけるデザインが機能の深化や分化のための視覚的編集だった。

古代ではデザインは呪文や護符と結びついていたのだし、近代ではデザインは欲望や使用法と感性の強調に結びついた。

編集術のためのヒントとしては、なぜ装飾においてはさまざまなシンボルやアイコンが組み合わさったのかということ、なぜデザインにおいては輪郭や色面や文字の訴求性が強調されたのかということに、とくに注目したい。

また、Ⅰには服飾デザインから工業デザインにおよぶ視覚的機能を重視した編集がふくまれるので、たとえば型紙の機能、立体裁断の意味、あるいは機械設計の基本、動力効率と機能性の関係などを重視しておくとよいだろう。

一方、Ⅰには「用の美」とは何かという問題が出入りしている。日本においてはとくにその傾向が強い。私はこの問題については、たとえば利休に代表される茶の湯の世界がとびぬけた編集術の宝庫だとおもっている。

【編集稽古】13　ここに掲げたのは日本の神輿《みこし》の図解である。さまざまな意匠が複雑に組み合わさっていることがわかろう。各部分の名称をよく見て、その編集的複合性を堪能されたい。図03は小澤宏之『江戸神輿と日本の祭り』（講談社）より。

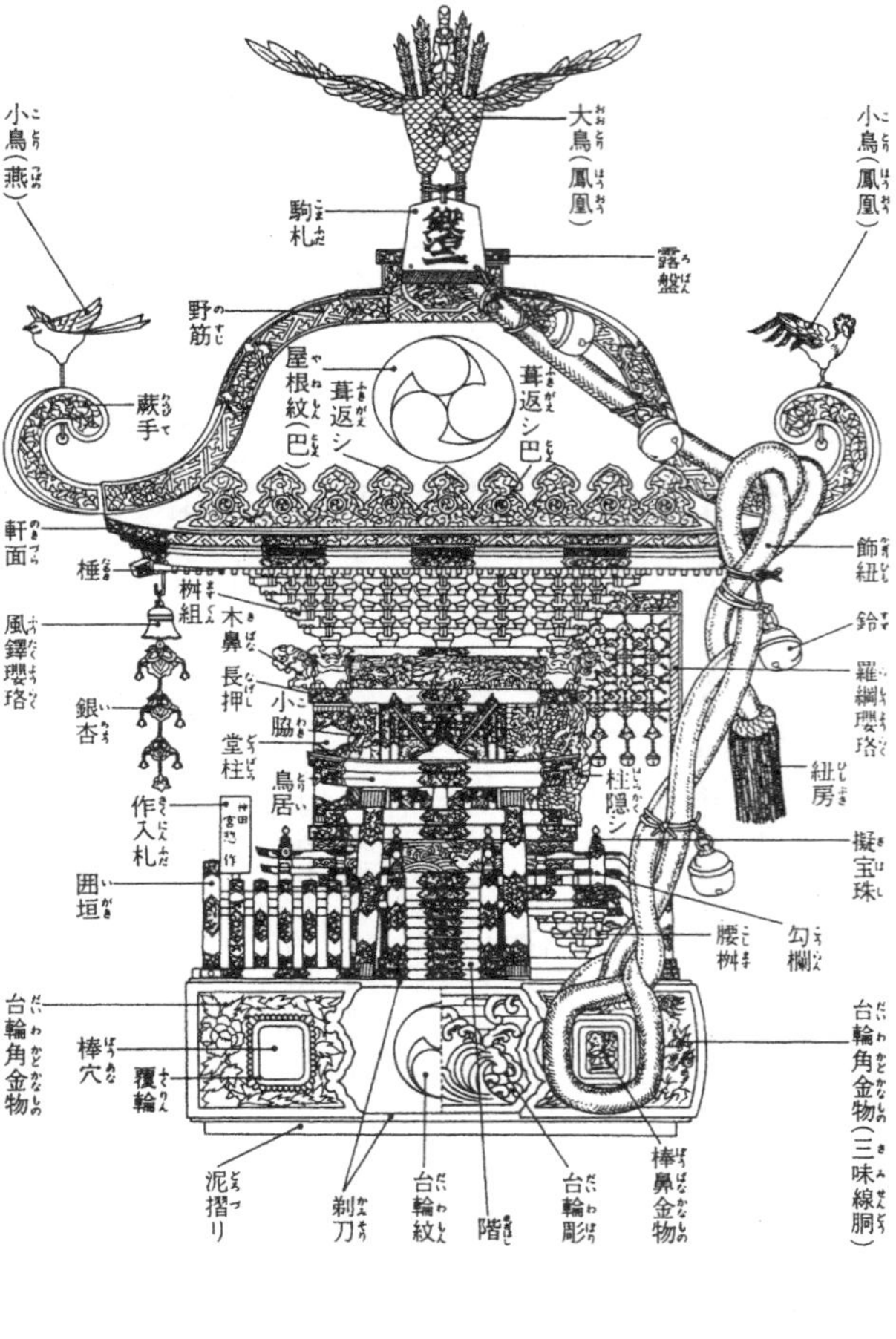

03 小澤宏著『江戸神輿と日本の祭り』(講談社)より

J・異文化コミュニケーションを可能にする

これは本書の冒頭で米原万里さんの同時通訳ぶりを紹介し、そのあとで「文化と文脈」についての説明をしておいたので、あえて加える説明はない。

ただし、異文化コミュニケーションではないのだが、ハンディキャッパー（障害者）のためのコミュニケーションをどのように充実させて編集するかということ（たとえば点字や手話のシステムの開発）、およびハンディキャッパーと健常者とのコミュニケーション関係をどのように編集するかということも、今後の編集術の大きな課題になる。私が盲目の叔父に教えられたことによって編集にめざめたいきさつについては、『フラジャイル』（筑摩書房）という本に書いておいた。

また最近は、予想外に子供と大人の関係が分断されているので、あらためて「子供における編集術」ともいうべき問題にとりくむ必要が出ているようにもおもわれる。その一端は第二章の「遊び」のところですこしだけだが説明しておいた。

K・ゲームやスポーツや競技をつくる

ここではEにあげた編集術以外のこと、たとえば勝負の分岐点のつくりかた、チームのつくりかた、観客や聴衆にとってのおもしろさのつくりかた、レフェリーの関与のしかた、スコアのつけかた、練習のしかた、コーチングのしかたなどといった「おぎない」の編集が焦点になる。

また、オリンピック、F1レース、ボクシングやプロレスの興行などがその典型なのであるが、競技のもちかたということにも編集的構成力はいかされる。基本的にはオリンピックに代表される選抜集中型トーナメント方式、F1に代表される分散巡回型のポールポジション方式、ボクシングに代表されるマッチング方式があるが、もっと新しい方式が工夫されてもよいようにおもわれる。

このほか、ここにはクイズ番組やショッピング番組、株式取引、競馬などをふくむギャンブル、コミケ（コミック・マーケット）といった、さまざまな競技性が列挙できる。クイズのおもしろさの理由、競馬の予想とオッズと連勝馬券の関係などを思い浮かべればわかるように、いずれもかなり編集的である。これを「競技編集」という。ただし、こうした競技編集のしくみの学習が当事者ばかりのものになっていて、広く理解の対象になっていないことが残念である。たとえば日本文化研究に「歌合《うたあわせ》」の研究が欠かせないように、こうした競技文化というものは二十一世紀にはますます拡張されるとおもわれるので、ぜひとも学習の対象にしておきたい。

L・遊びのための編集をする

この項目で編集用法の点検がおわるのだが、この最後のLは、これまでのすべての編集用法とはちがって、ひたすら遊ぶための編集をさす。したがって、ここには第一章でのべた子供の遊び（ごっこ・しりとり・宝さがし）から、ジョークやパロディやパズル、川柳・狂歌、カラオケ、ファミコンまで、さらには旅行からコスプレ（コスチューム・プレー）までもがふくまれる。

なかでひとつだけ説明しておくと、たとえば旅行にはまことに多様な編集術がひそんでいるというべきである。コースを決める、チームをつくる、時間を配分する、費用をあてる、記録をとる、旅行道具をそろえる、おみやげを買ってくる……これらすべてが編集的なのだ。AからLまでの項目がわかりにくかった読者がいるとすれば、まずは旅の編集を徹底して分節化してみるとよい。編集工学ではこのような編集を「道程編集」（コースウェア）といっている。

以上、猛スピードで編集用法の数々を一瞥してみた。

いくぶん難解なところもあるかもしれないが、あまり気にしないでほしい。私は編集術と編集的世界観とをなるべく分離しないで説明したいのである。また、学校の科学実験から手話まで、記譜法からスポーツ競技のことまで、かなりの場面に編集が関与していることとを強調したことに、ちょっとびっくりしている読者も少なくないかもしれないが、それもここまできたらあきらめていただきたい。難しいから高級で、やさしいから初級だという観念も捨ててほしい。いちばん大事なことは、最も有効な入口から入ってしまうことなのだ。

それでも、これでずいぶん編集術の具体性が見えてきたのではないかとおもう。編集術の適用範囲もおよその輪郭がはっきりしてきたとおもう。が、残念ながらこれで全体が見えたわけではない。やっと〝足がかり〟ができたというところなのだ。なぜならば、私はまだ編集技法についてはあまり説明していないのである。たとえば読書術と編集術の関係、文章術と編集術の関係といった、ひょっとしたら読者はそこだけが読んでみたかったと期待しているかもしれないことについては、まだこれっぽっちも説明していない。

けれども、説明の順番がある。もうすこし編集術の用語に慣れてもらうための準備をしておきたい。

編集術とは、われわれがどのように世界とかかわるかという「方法」に目を凝らそうという、いわば「気がつかなかった方法を気づくための方法」というものである。

もうすこし突っこんでいえば、世界をすべからく情報世界とみなし、その情報を「すでに編集されている部分」と「編集されにくかった部分」とに分け、その両者を串刺しにして通観できる方法を自在に明示化してみようというものだ。その意味で、「そこにあるもの」から「次にあるもの」に跳ぶことをめざす連想法は編集術にとってもわかりやすい手法になっていた。

しかし、編集術を明示化するというのは容易ではない。いちばんの問題は、いろいろな方法が重なったり、交差しているということである。また各部分をどのようにネーミングするかということも厄介である。たとえば「類推」というか「推理」というかは、いちがいにどちらがいいとは決められない。だからほんとうはただ一言で「編集」とか「エディティング」といっているのがいちばんなのだが、むろんそれではわかりにくい。そこで、いささか強引ではあっても、編集の方法というものを区分し、ある程度のところは機能や効能によって方法の特徴をあきらかにしておくことが便利になる。その機能や効能を編集工学では「編集技法」とよんでいる。

これから一覧を提示し、そのうえで若干の説明をしておこうとおもうのは、編集技法を総覧することによって、われわれが立ち向かっている世界の情報というものが、どんなレベルとどんなアプローチで記録されうるのか、また再生されうるのか、その技法的な底辺を知ってもらいたいからである。編集術は一様に情報化されつつある今日の世界像に対する、方法の側からの挑戦でもあるわけなのだ。

めくるめく六十四編集技法の世界

では、次の怖るべき一覧表を見ていただきたい。

これは編集工学研究所がつくっている「六十四編集技法」というものである。合計六十四にのぼる技法アイテムがずらりと並んでいる。親コードが三十、子コードはそれぞれ二〜六になっている。

ざっとこれだけ編集技法があるわけだ。まことに多い。細かくすればもっと多くもなるのだが、合計六十四にとどめてある。合計が六十四になっているのは「8×8」の易の八卦のようでわかりやすいからだ（ちなみに易はライプニッツが二進法を研究したきっかけになっている）。

しかし、この編集技法は、すでに何度も述べてきたように、われわれが日常生活でやっていたり、いつもお目にかかっているものばかりなのである。ところが、それが研究されてこなかった。この一覧はそれをわかりやすく分類し、いくぶん系統化してみたものだ。まずはじっくり眺めてほしい。

◎六十四編集技法の一覧

編纂（compile）………〔dataを扱う基本技法〕

単立した情報に内属する定義を一項目ごとに対応づけて編集するために

01収集（collect）…種類を限定して広く集める

02選択（select）…収集された情報から必要な一部を引き出す

03分類（classify）…あるフレームにもとづいて特徴を分類する

04流派（party）…目的や属性に応じて大きくグルーピングする

05系統（taxonomy）…分岐点を明らかにして系譜、系列、系統などを整える

編集（edit）………〔captaを扱う応用技法〕

つながった情報がもつ意味の背景・含意・流れを広げて編集するために

10 - 情報群を意味単位に分節して編集する

06編定（codify）……契約・法典・条例・史書・辞書などをつくる

07要約（digest）…ダイジェスト、キーノート、概要をつくる、詩歌にする、文意保存する

08凝縮（condensation）…意味の濃縮、概念化、命名、論理化する

11 - 情報群のモデル化が進むように編集する

09原型（metamatrix）…アーキタイプやプロトタイプを発見する

10模型（model）…モデル化、種類別にタイポロジーをつくる

12-情報の多様性がオーダーやルールを生むように編集する

11列挙（enumerate）…同類を見出す、つらね、尽くし、言い尽くす

12順番（address）…オーダー化、番号付けをする、ノンブルをつける

13規則（order）…秩序を与える、ルールをつくる、ルールを変更する

13-入れ替えや置き換えを試みて編集する

14配置（arrangement）…配当・案配・バランスなどを配慮する

15交換（change）…入換えをする、価値転換をおこす、アナグラム

14-ある情報が他の情報とどういう関係にあるかを重視して編集する

16比較（comparison）…情報を相対化する、特徴を比較する

17適合（suit）…あてはめる、パターンマッチング、あわせ、かさね

18競合（conflict）…左右性や対立性に注目する、反転をおこす、きそい

19共鳴（resonance）…同調、引きこみ、同義語をネットワーク化する

15-二つ以上の情報の関係をつなげつつ広げながら編集する

20結合（combination）…結びつける、ユニオンにする、オムニバスにする

21比喩（metaphor）…メタファー、形容、見立て、譬え話

22推理（reason）…推論する、理由づける、先に進む、回路性をもたせる

16-広がった情報を俯瞰して新たな線引きをするように編集する

23境界（confine）…二分する、多分する、かぎる、ゾーニング

24地図（map）…地図化、マッピング、オリエンテー

ション、アドレスを与える

25図解（illustration）…図示化・図説化をする、挿絵をつける

17－いったん編集された情報にさらに新たな情報群をよびこんで編集する

26注釈（annotation）…語義を深化させる、知識を適用する、訓詁

27引用（quotation）…いろいろ引用する、本歌取り、適用、もたれる

28例示（example）…例証する、事例を示す、インスタンス、指示する

18－隠れたアイテムや意味やイメージを連想的に拡張して編集する

29暗示（suggestion）…暗合、寓意、符牒、ヒント、ほのめかす

30相似（similarity）…似たものをさがす、類似化、引き寄せる

31擬態（mimicry）…似せる、カムフラージュする、迷わせる

32象徴（symbolize）…イコン化、シンボル化、代表性を際立たせる、超越化

19－情報に強調や変容がおきやすいように編集する

33輪郭（profile）…輪郭化、プロフィール化、カリカチュアライズ

34強調（emphasis）…強調する、誇張する、見出し、くどき

35変容（deform）…デフォルメ、変形、異形、メタモルフォーゼ

20－情報の意味が別の意味に転換するようにストレスを与えて編集する

36歪曲（distortion）…誤解・曲解する、変節、トリック

37不調（disagreement）…調子が狂う、ミスマッチ、あわせない

38諧謔（joke）…冗談、地口、パロディ、コント、ユーモア

21 - 情報の周囲や外部に加飾性をもたらして編集する

39意匠（design）…割付、デザイン、調子をつける、形状化する

40装飾（ornament）…文様・衣装・地模様・図柄・飾りなどに注目する

41模擬（simulation）…シミュレーション、もどく、予見的模型性

22 - 複数の情報群を足したり引いたりして編集する

42補加（append）…付け加える、補う、訂正する、添付

43削除（delete）…デリート、外す、除外する、放棄する

23 - 編集の部分的プロセスを別の編集装置に移管できるように編集する

44保留（reserve）…リザーブ、とっておく、保管する、控えさす

45代行（agent）…エージェントする、代理体験性、代行業務性

24 - 情報群に新たな座標やグリッドを与えて編集構造をつくる

46測度（metric）…測度をつくる、測定基準をつくる、判定化

47構造（construction）…構造化、システム化、基盤化する

48形態（form）…形態化、フォーミュラー化、フォーメーション

49生態（mode）…生きた状態の把握、モード化、動物観察

25 - 情報のメッセージ性に注目しつつメディアに適合させて編集する

50焦点（focus）…注意、焦点化する、情報を絞る、注目する

51報道（report）…ニュース化する、アナウンス、速報する

52統御（ruleover）…統括化、まとめる、題名をつける、シリーズ化

26 - 情報の流れをシナリオ化して場面単位に編集する

53 筋道（plot）…話の分野を小さくかためる、筋道をたてる、話に罠を設ける
54 脚本（script）…台本、スクリプト化、編み直す、翻案する
55 場面（scene）…シーン化、場面を割る、コマ割り、舞台を設定する
56 劇化（narration）…物語にする、作話する、役割をあてはめる

27 ― 情報交換のしくみを遊びや競技になるように編集する

57 遊戯（play）…遊ぶ、ゲームをする、遊化する、綺語に遊ぶ
58 競技（sports）…スポーツ、競技化、判定付加、スコアリング

28 ― コミュニケーションがしにくい二つ以上の文化風土をまたいで編集する

59 翻訳（translate）…翻訳、外国語に置換する
60 通訳（interpretation）…通訳、手話、点字訳

29 ― 音楽性やリズム性によって編集する

61 周期（rhythm）…拍子、リズム化、音頭をとる、シンコペーション
62 曲節（melody）…作曲、旋律化、節をつける、諧調化、歌語り

30 ― 総合性あるいは個別性を特別にいかして編集する

63 総合（synthesize）…以上のすべての組み合わせ
64 創造（creation）…以上のすべての組み合わせ以外の創造

ざっと見ておわかりのように、これはめくるめく多様性である。おそらくここには、われわれの認識・思考・連想のしかたから記憶・再生・表現のしかたにいたる大半の方法が網羅されているのではないかとおもう。ちょっとだけ前提部分の

説明を加えておこう。

全体が二つのグループ、すなわち「編纂」(compile)と「編集」(edit)になっているのは第二章にのべておいたとおりの理由によるが、この二つのグループを「データを扱う基本技法」と「カプタを扱う基本技法」と名づけているのは、編集工学では、1対1の対応型のコンパイルの対象となる情報単位を「データ」(data)とよび、解釈がいろいろありうる情報単位を「カプタ」(capta)とよんでいるということをあらわしている。「カプタ」というのは、アメリカの心理学者のR・D・レインが提唱した概念で、「多様な解釈をともなう情報」のことである。精神治療にあたっていたレインが単なるデータ情報では人間の心は判断できないとして、データではないカプタを用いることを提唱したものだった。

では、このあとは、この「六十四編集技法」のページをときどきめくっては、細部の技法の特徴をたしかめ、その具体例を思い浮かべて力試しをしていただきたい。

第5章　編集を彩る人々

意識的な出来事を無意識的な出来事を通じて説明した理論でなければ、ちっとも意識を説明したことなどにはならないだろう。

……ダニエル・デネット

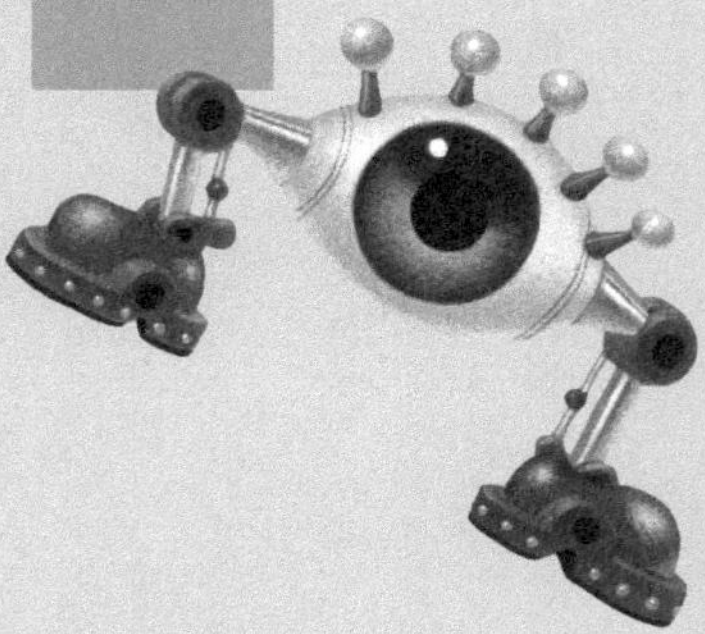

武満徹のエディターシップ

編集がうまい人はいくらもいる。が、意外な分野にも編集名人がいる。作曲家の武満徹はそういう一人だった。一九九六年二月二十日に亡くなった。

武満さんはすばらしいエディターシップをもっていた。初期のエッセイに『吃音宣言』という文章があるくらいに、少年期に吃音《きつおん》と向かいあった人でもあったが、それがかえって音楽はもちろん、思索にも言葉にも活動にも、深い蓄積をもたらした。

まずは次の『吃音宣言』から抜粋した文章を読んでもらいたい。これらは勇気に満ちた吃音宣言であるとともに、果敢な編集宣言なのである。

◎自分を明確に人に伝える一つの方法として、ものを言う時に吃《ども》ってみてはどうだろうか。

◎どもりはあともどりではない。前進だ。どもりは、医学的には一種の機能障害に属そうが、ぼくの形而上学では、それは革命の歌だ。

◎どもりは伝達の父であり母である。

◎吃音者はたえず言葉と意味のくいちがいを確かめようとしている。それを曖昧にやりすごさずに肉体的な行為にたかめている。

吃音のもつ「沈黙と意味とのあいだ」を、あるいは「決断と不確定のあいだ」を、これほど拡張してそこを覗こうとした芸術家は、あまりいなかった。実は私も少年時代は吃音だったので（いまでもサシスセソ系に困る）、だいたいのことがわかるのだが、吃音者というものは、ある言葉をしゃべろうとしたとたんにその言葉が射出されないため、いつも言葉とアタマの中の意味とが辻褄のあわない合わせ鏡のようになっている。ところが、それが不思議なことに、意味の海からひとつの言葉を選ぶよりもずっと多様なイメージに向き合わせてくれるのだ。

これは奇妙な対応関係というものである。むろん世の吃音者の誰にもこのようなことがおこっているとはいえないかもしれないが、『吃音宣言』の題辞に「親しい友人であるすばらしい二人の吃音家、羽仁進・大江健三郎に心からの敬意をこめて」とあるように、意外にも多くの人々が吃音を突破してイメージとイマジネーションの深みを進んでいったかもしれない。そして、そのような「意味を単純に限定できなかった」という体験こそが、かえって編集的世界観への可能性の扉をひらくことがあるものなのだ。

武満徹の編集的世界は吃音にとどまるわけではない。

もちろん作曲活動のすべてが編集的だった。ごく初期に楽器がもつ音だけではなく、自然や状況やシステムがもつ音を情報として採取し、それを音楽的に編集していた。すでに一九六〇年に発表された「水の音」で、七種類の水の音が情報素材としてサンプリングされて、これがミュージック・コンクレートされていた。いまでは誰もがシンセサイザーでやれることであるが、当時はそうとうに先駆的だった。

あとから知ったのだが、これには楽譜もついていて、一音を一個の図形があらわしていた。このアイディアは、その後もグラフィック・スコアとして発展していった。視覚的なイメージだけでプレイヤーに演奏をしてもらうのである。

オーケストレーションに新たな試みを入れるのも、静かだが大胆な編集の連続だった。最も有名なのは『ノヴェンバー・ステップス』（一九六七）に横山勝也の尺八と鶴田錦史の琵琶を入れたことである。これをニューヨーク・フィルを相手に小沢征爾が初演のタクトを振った。翌年、「オーケストラル・スペース」での日本初演には私も駆けつけた。いまふりかえると、この演奏を聞いていなかったら、私のその後の仕事はずいぶんつまらないものになったのではないかとおもうほどの、そういう衝撃だった。

武満さんは言葉のつかいかたもすばらしい。『音、沈黙と測りあえるほどに』という本のタイトルなど、まさに「測りあえるほど」がぞくぞくするほど編集的だ。そのなかの「ぼくの方法」（一九六〇）には次のようなことが書いてある。これまた、まさしく「編集の発見」である。

ぼくは一九四八年のある日、混雑した地下鉄の狭い車内で、調律された楽音のなかに騒音をもつことを着想した。もう少し正確に書くと、作曲するということは、われわれをとりまく世界を貫いている《音の河》に、いかに意味づけるか、ということだと気づいた。

まず「音の河」が先にあって、それにあとから意味づけする。その順番が編集なのだ。すでに音があるのなら、その音から始めようということである。第一章でのべた「編集的連続性」を思い出してほしい。

こうした発想を武満さんは静かに語る。文章も静かだし、実際にしゃべっていても静かな人だった。吃音はあまり感じられなかった。むしろいつもそこには持続する意志が鳴っていた。それは『ガーデン・レイン』(一九七四)に出現する、金管アンサンブルによる最弱奏によるまことに不思議な持続音をおもわせる。そのほか、武満さんは『切腹』や『心中天網島』をはじめとする数多くの映画音楽を手がけた。そもそもが映画を年間三百本も見る人だったし、またSFもよく読んでいて、『骨月《ホネームーン》』という創作を遊んでもいた。これは茶目っ気によるものだ。

こうしたなかで、とくに編集術の多様性を感じたのは、十数年続いた「ミュージック・トゥデイ」という音楽会の構成である。パルコ劇場(最初は西武劇場といっていた)のオープンからずうっと続いた企画で、ポスターはいつも田中一光さんがつくっていた。私は何度も足をはこんだが、いつも絶妙の組み合わせの音楽会だった。クラシックや現代音楽をまぜこぜにしただけではなく、ポップスも邦楽も民族音楽も、また踊りも落語も加わった。けっして騒いだりするところがない人だったが、淡々と異文化と異文脈を編集してみせてくれたのだ。

編集名人たちの職人芸

編集のうまい人はいくらもいるものである。新聞や雑誌や書籍の編集がうまいのは、それがメディアの専門なのだから当然なのだが、そのうまさが尋常でない者もいる。かれらもまた編集名人だ。

たとえば、『暮しの手帖』の花森安治にはじまって、『週刊朝日』の扇谷正造、『太陽』の谷川健一、『ミステリ・マガジン』の常盤新平、『SFマガジン』の福島政実、『朝日ジャーナル』の鎌田敬四郎などをへて、『アンアン』の甘糟章や『月刊プレイボーイ』の岡田朴にいたる一群には、私が畏れもし、敬ってもきた編集名人が何人もいた。この人たちは当時は表面に顔を出さなかったものの、戦後の文化と文脈をおおいに左右してきた人たちである。

いまは社名がマガジンハウスとなったが、以前は平凡出版といった若者向きの出版社をつくりあげた清水達夫の編集芸当なども、最初の『平凡』のその爆発的な勢いからして尋常ではなかった。そこにはすでに〝読者とともに見る雑誌〟という発想が打ち出されていた。目線が街の中におかれていたのだ。が、それだけではなかった。その後の『週刊平凡』『平凡パンチ』『アンアン』『クロワッサン』『ポパイ』『ブルータス』というふうに、清水節が連打したすべての雑誌たちが、ことごとく時代のシンボルになったのは、驚くべき名人芸だった(それに応えた各誌の歴代編集長も名人揃いだった)。これは『平凡パンチ』を創刊するときに、この週刊誌を〝読者とともに生活する雑誌〟とみなしたところに、そもそもの成功の原因があったのだとおもう。表紙に当時無名の大橋歩のイラストレーションをもってきたのも清水さんである。

はっきり誰が編集名人とは名指しできないが、『文藝春秋』や『週刊新潮』がもたらしたエディトリアル・フォーマットというものも、なかなかまねられるものではなく、そういう集団名人たちも少なくはない。いまでも、これらの編集には感心させられる。これらには雑誌のミーム（第一章参照）というものが代々にわたって継承されている。

また、そうした定番を破って、新たな定番を開拓してみせた『都市住宅』『話の特集』『銀花』『流行通信』『フォーカス』『日経ビジネス』『別冊宝島』なども、新たな編集感覚を生んできたものとして注目に値する。なかでも私が心底やられたとおもったのは『少年サンデー』と『少年マガジン』という少年誌の編集力である。

ふつう、作家や著者というものは、編集者に守られて奥の院にいるものである。それをこの少年雑誌の編集者たちはメディアの中央に引きずり出し、ページの欄外はおろか、コマ割りの中にまで登場させていった。そのほか「吹き出し」の中のフォントを明朝・ゴシック交じりにしてみせたり、表紙に蛍光インクをつかったり、グラビアで図解主義に徹してみるなど、その編集冒険ぶりはとどまるところがなかったほどに、斬新で、ちょっと異常だったのである。


このように出版メディアの分野に多くの編集名人がいるのは当然なのだが、武満徹がそうであったように、意外な分野での編集名人も少なくない。

たとえば、敬称は略させてもらうが、蜷川幸雄・鈴木忠志・唐十郎の作劇術は総合型の編集術といってよいし、磯崎新の仕事は建築・イベント構成・執筆にいたるまで、たえず編集力に富んでいる。都倉俊一から井上鑑におよぶ作曲術もなかなか編集的である。武満徹にも象徴されていたように、音楽家の多くは編集的なのだ。私がこれに最初に気づいたのは、箏曲の宮城道雄の仕事ぶりやレナード・バーンスタインの仕事ぶりに注目してからのことである。なぜ音楽家が編集的なのかというと、すでに楽器と音とリズムと言葉と演奏が帯同しているからだろう。最近では坂本龍一や細川周平がコンセプトとしての編集音楽をめざしている。

意外とおもうかもしれないが、私は春風亭小朝の落語、イッセー尾形のパフォーマンス、爆笑問題などのコントなどの、いわゆるお笑い芸人たちが見せる情報のやりとりのしかたにも、ときどきすばらしい編集性を感じている。ようするにこれは、ビートたけしがそもそもは「編集の権化」ということなのである。彼は映画のみならず、小説であれ童謡であれスポーツであれ、おそらくは何でも編集できるにちがいない。編集術というもの、そもそもジャンルなど問うていないのである。

ついでに加えると、古舘伊知郎である。かつてのプロレス実況放送ぶりもさることながら、そのソロ・リサイタルで見せる情報編集力にもほとほと舌を巻いた。なるほど、情報とエロキューションの組み合わせにも編集があったのである。

そこに「方法の魂」はあるか

かくて、編集術がジャンルなんぞ問わないことは、これまで以上にわかってもらえたとおもうが、なんでもやれば編集の冒険だ、と言っているのではない。そうではなくて、そこに「方法」が開花しているかどうか、そこが評価の分かれ目なのだ。私はそれを「方法の魂」とよんでいる。そういう意味で、次のような学者や作家や詩人の「方法の魂」に注目されるとよいとおもう。

たとえば、文化人類学を背景に記号学会から見世物学会までアソシエートしてしまう山口昌男の仕事ぶりである。

そこには豊饒な方法がいつも横溢して、ときどき溢れすぎてこぼれるほどである。山口さんはいまは札幌大学の学長であるが、着任してしばらくすると、学長室をつぶしてギャラリーにしてしまった。いわば「コミュニケーションの縁側」をつくり、「相互共振」をおこそうとしたのだ。もともとそういうことを重視する本を書いてきた人であるが、それを大学の中でも平気で実行している。これは大学人のドーリの常識からすると、かなりムリとドーリがないまぜになった非常識なのである。

いま著作集が次々に刊行されつつある鶴見俊輔の仕事もすこぶる編集的である。

そもそもが『思想の科学』の編集長として冴えていた。だから編集は本職でもあるのだが、そこへもってきて対談も構成も事典づくりもと、抜群に幅が広い。いや、幅が広いのが編集的だというのではない。そうではなくて、鶴見さんの社会や歴史を見る目がおよぶところ、そこが編集的になっていっている。光をあてると、そこが編集の広場になっていく。そういう感じなのだ。これは編集術にとっても大事なところで、編集は何かを指定したり採掘するだけではなく、その指定した領域や採掘した文化を編集文化にしていくところに編集の真骨頂があるわけで、そこが鶴見さんの仕事になっているのである。

そういう面でいうと、今和次郎や宮本常一や柳宗悦といった、昭和初期から民間で考現学や民俗学に邁進していた人々にも、そのような編集性が躍如していた。今和次郎の考現学はそのスケッチのとりかたに独得の編集感覚を発揮していた(図01)。編集は〝あてもの〟ではない。そこに編集的な文化を生んでいくための、照明であり、スタジアムであり、舞台装置そのものなのである。

詩人であって、朝日新聞の「折々のうた」で巷間を唸らせている大岡信の仕事も編集性に富んでいる。大岡さんは「折々のうた」の書きだめをしないそうである。そのほうが自分も、また読者に対しても季節感が出るらしい。つまりは「その場に臨んで」ということを重視した編集になっている。

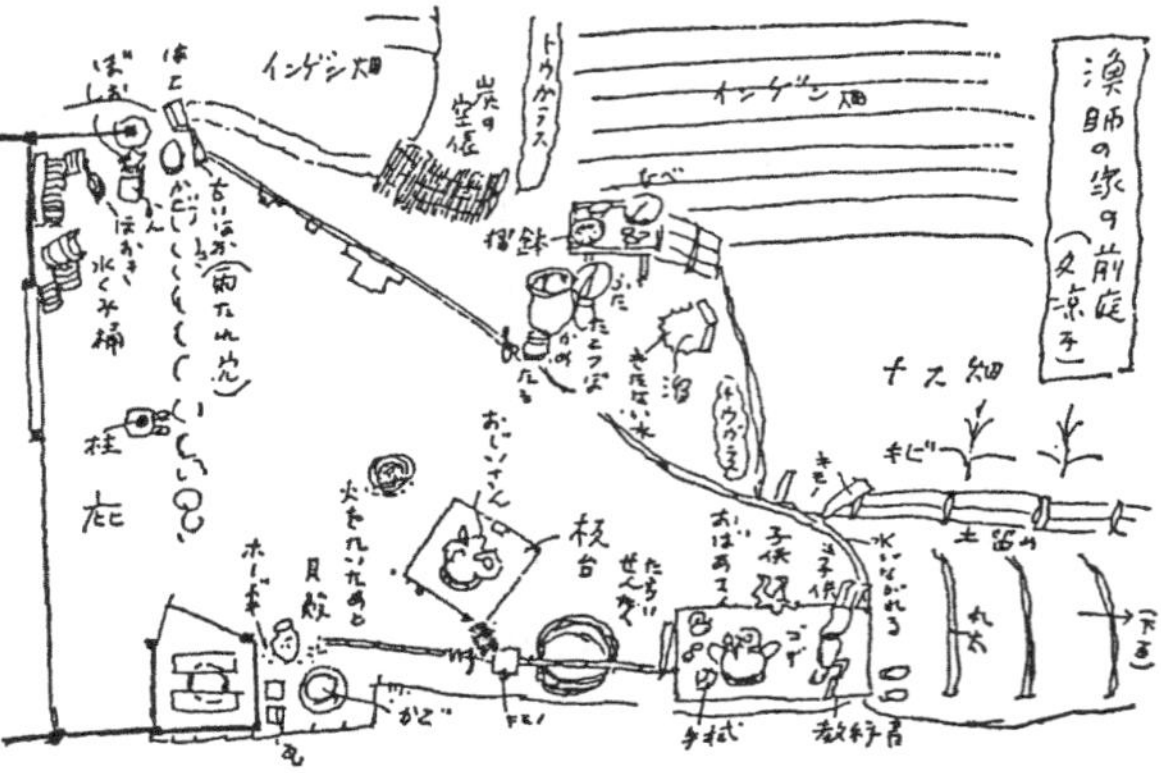

01 今和次郎画「漁師の家の前庭」（「ある村のしらべ」より）

これもまた、編集の隠れた本質をついている。編集とは、すべてを準備しきることではなく、その場に臨んでおこる感興を残しておくことに、ほんとうの職人芸が隠れて出てくるものなのだ。それはそうだろう。雑誌のコピーや写真を見て、読者が自分で初めてそれに出会ったと思えるようにすることが編集者の仕事なのである。ところが、学者や評論家はこれがどちらかというとヘタなのだ。ついつい自分で勝ち誇ってしまう。

そこを大岡さんは、けっしてそうしない。まさにその詩歌に、その日その時に出会えたように、つつつと案内をする。そこが編集名人である。しかもこのことは、季節の変化にともなって詩歌を遊んできた日本の文化にとっても本質になっている。

最近は『新々百人一首』を一人で編んでみせた丸谷才一の仕事も、ずっと以前から編集的だった。

本書は作品や批評を議論する場ではないので、そういうことを褒めるためのスペースはないのだが、そもそも丸谷さんの作品も評論も独得の編集的世界像を創発していくことをめざしていたようなところがあった。それは「たった一人の反乱」の意図にも、「後鳥羽院の気分」との共鳴にも、「忠臣蔵という世界」の紹介にもあらわれていた。私はいつもウキウキさせられた。なんというのか、一緒に走れるような世界観が提供されていたのである。

その丸谷さんの編集力の真骨頂は、『新々百人一首』ではまさに独壇場となっている。この本の内容は二十五年にわたって書き継がれたものをもとにしているが、その構成は『新古今集』の部立てを援用し、かつ定家の百人一首にはありえなかった案内と解説を加え、しかも定家の百人一首と足利義尚の新百人一首に重複せず、しかしその二者の歴史的選択を響かせて、なんとも工芸品の微細工のように組み上がっている。まことに涎が出るような知の贅沢であり、興奮である。

実は私は、与謝野晶子が『源氏物語』をはじめとする古典の現代語訳にとりくみ、高橋等庵が『大正名器鑑』を編集したあたりまでの時代で、いいかえれば幸田露伴から柳宗悦までの時代で、日本人のいちばんすぐれた「選定＝鑑賞＝評価＝相互共有」という編集方程式を牛耳れる人々の層が薄くなってしまったと落胆していたのである。とくに船橋源氏や円地源氏に出会ったころ、あるいは武智歌舞伎の退潮のころ、その不安は増大していた。わずかに石と光のイサム・ノグチや能の観世寿夫らの仕事に期待をかけていたのだが、そのうち日本全体のほうがおかしくなってきて、それどころではなくなった。

大岡さんの仕事や丸谷さんの仕事は、このような私の不安を軽く吹き飛ばすものなのである。同様な意味で、やはり最近は日本文学史や俳諧術にも独自の見解をもたらしている高橋睦郎さんの仕事などにも（『百人一句』『読みなおし日本文学史』など）、私は「かつての佳き日」の編集のお手本の再来を感じている。

【編集稽古】14 では、高橋睦郎『百人一句』（中公新書）をつかっての稽古。ここに著者が選んだ百句から五つを選んでおいた。著者がどのような評をしているのか、実際に本にあたって確認してみてほしい。

かからでもありにしものを春霞　　良岑よしかたの女

花に来て雪に忘るゝ家路かな　十仏法師
かたまつて薄き光の菫《すみれ》かな　水巴
あなたなる夜雨の葛《くず》のあなたかな　不器男
草二本だけ生えてゐる　時間　赤黄男

知のテイストと情報コンディション

さて、編集名人たちの香り高いかんばせに接して気分が高揚してきたところで、急にガクッとさせるようであるが、私の「知の編集術」の一端をこのあと少々披露しておきたいとおもう。

私は「知」というものをテイストで分けている。すでにわかってもらえているとはおもうが、私は「知」や「情報」をジャンルや領域や図書分類などでは分けていない。自分が好きなテイストで接するようにしているのである。そのテイストは、たとえば次のようになっている。

ワインのように冷やしてグラスで飲む知。
檜の桶になみなみと注げるような知。

一輪の椿のように竹筒にいけたくなる知。
その知とともに短距離ランナーのように疾走したくなる知。
その知にパウル・クレーの震える線を与えたくなる知。
昆虫標本のようにきっちりピンで刺しておきたい知。
サスペンス映画にしたくなるような知。
なるべく表現しないままに風呂敷に包んである知。
小声で隣の人だけに語る知。
イサム・ノグチの石塊のようにまるごとでひとつになる知。
舞台に立ったら蘇ってくる知。
いつまでも書きこみしていたい知。

まあ、なんとなくニュアンスはわかってもらえるのではないかとおもう。まさにこれらは「テイストの知」というものだ。
なぜ、こんなふうになっているかというと、もともと編集にもＴＰＯがあるからだ。日曜日の午後に編集したいときと、水曜日の夜中や仕事の中で編集しなければならないときとでは、何かがちがう。また、永井荷風を読んだあと、シオランを読んだあと、新聞を読んだあと、報告書を読んだあと、食事をしたあと、誰かと話しこんだあと、何かを思い出したあとでは、まったく情報コンディションがちがっている。そうすると、その情報コンディションにふさわしい「知」を選び（料理の素材のように）、その素材にふさわしい編集がほしくなるものなのだ。

たとえば三日前のこと、私は『明治思想集』というアンソロジーを読んでいた。読みながらその文語調の文体にうごめく情報が甲冑を着ているような気がしていた。そこで、あるノートをひろげて、かれらの言いたいことをキーワードとフレーズに分けて記していった。そのノートというのは昆虫採集や植物採集用のものを工夫したもので、科や綱や目に分かれた情報分類ができるようになっているだけではなく、スケッチもできるようになっている。で、私は明治の思想家たちのキーワードやフレーズに次々に虫のような形を与えて、いわば「言葉のドローイング」のようなことを、自分が明治の片隅にいるファーブル先生のようになったつもりで、観察していたのだった。つまり私は観察者のように本を読んでいたのである。

そのさらに一週間前、私はゴットフリート・フレーゲという論理哲学者のことを調べていた。

フレーゲについてはすでに何度かつきあってきた。しかもこのときは、ある仕事にフレーゲの文章を引用したいとおもっていた。そこで、パソコンにかつてのフレーゲに関する自分の文章をスクロールさせながら（そういうファイルがいろいろ用意してある）、右手でフレーゲの本をすばやくめくりつつ、言葉を拾っていったのだった。それはまるでフレーゲをレントゲンにかけているようなものだった。このとき、私はフレーゲの熱心な愛読者ではなくて、患者フレーゲを診察する医者だったのだ。

その一ヵ月前、私はピアニストが即興で弾くピアノにあわせて、舞台で薬草の世界の話をするという仕事についていた。薬草サミットというものだ。ピアノにあわせて話すなんていうことは初めてだったし、薬草について話すというのも初めてだった。

私は中国と日本の本草《ほんぞう》のことを話すつもりでいたのだが、いざ舞台でピアノを聞いていると、さらに異なった感興につつまれていくのがわかった。何か遠い遠いことを思い出したくなっていたのだ。

ところが、その思い出したいことが何であるのか、すぐには見えない。そこで、その糸をたぐるように話を始めた。思い出の糸をたぐるのは、昔話の手法である。私はすっかりおばあさんの気分になって、ピアノに身をまかせながらしゃべっていた。糸から出てきたのは、もう三十年以上も忘れていたグレアム・グリーンの短編の一場面だった。

このように「知」や「情報」というものは、どこでどのように接するかということで、その姿を変えるものなのである。医者にもなれば、おばあさんにもなる。前章にも書いたように、情報は乗物に乗っていて、着物を着ていて、ときどき変な持物をもっているというのは、そういうことなのだ。

こういうわけなので、本を読むときなども自分の姿勢やコンディションやイメージをかなり変えるというふうになっている。どういう本かによって、その本に向かっている自分の気分を変えるのだ。科学の本を読むときに杓子定規になって、戦国の歴史を読むときは武将のようになるというのではない。むしろ同じ本でも読み方を変えていることのほうが多く、また漱石を読むときに鷗外の目で読むというような、丸山真男を読むときに小林秀雄になってみるというような、いわば「移し身」をすることもある。

というところで、ついでに私の読書法をすこしだけ紹介しておこう。

私の好きな読書法

私はしばしば「目次読書法」という読み方をする。

本をペラペラめくってしまう前に、比較的ゆっくり目次を眺めるのである。書店で本を入手するときも、そうしている。そして目次を見ながら著者が書いていそうなことを想像する。むろん勝手な想像であるのだから、あたっていなくともよい。

こうしておいてやおらパラパラとページをめくり、自分の想定とのちがいを見る。そのうえで気が向いたら通読や熟読に入る。そうすると、最初に想定したことが多少はあたっていたり、まったく予想はずれになることもあるのだが、その想定距離と実測距離との差異が読書を加速させ、立体化させるのである。

最初に目次によって全体を想定しているのでマップ性も手に入る。まあ、第二章の子供の遊びのところであげておいた「宝さがし」のようなものなのだ。なかなかいいのでお薦めしたい。

どういう本かということによるのではあるが、鉛筆やボールペンで本のページをマーキングをすることも多い。これは「マーキング読書法」である。ようするに「線を引く」ということなのだが、これがけっこう多様なのだ。多様になったのは最初からのことではなくて、いろいろ工夫しているうちに独得のものになってしまった。

マーキングのしかたにはだいたいのルールがあって、重要箇所を囲むばあいの線の種類や、固有名詞と概念名詞を区分けするマークや、あとでその一冊をさっと見て思い出せるようにしておくマークなど、いろいろ用意してある。線の種類を変えるというより、むしろ図形的なマーキングに近い。これは私の趣味だからどうでもいいことだが、あまり色はつかわない。せいぜい赤を加えた二色だ。

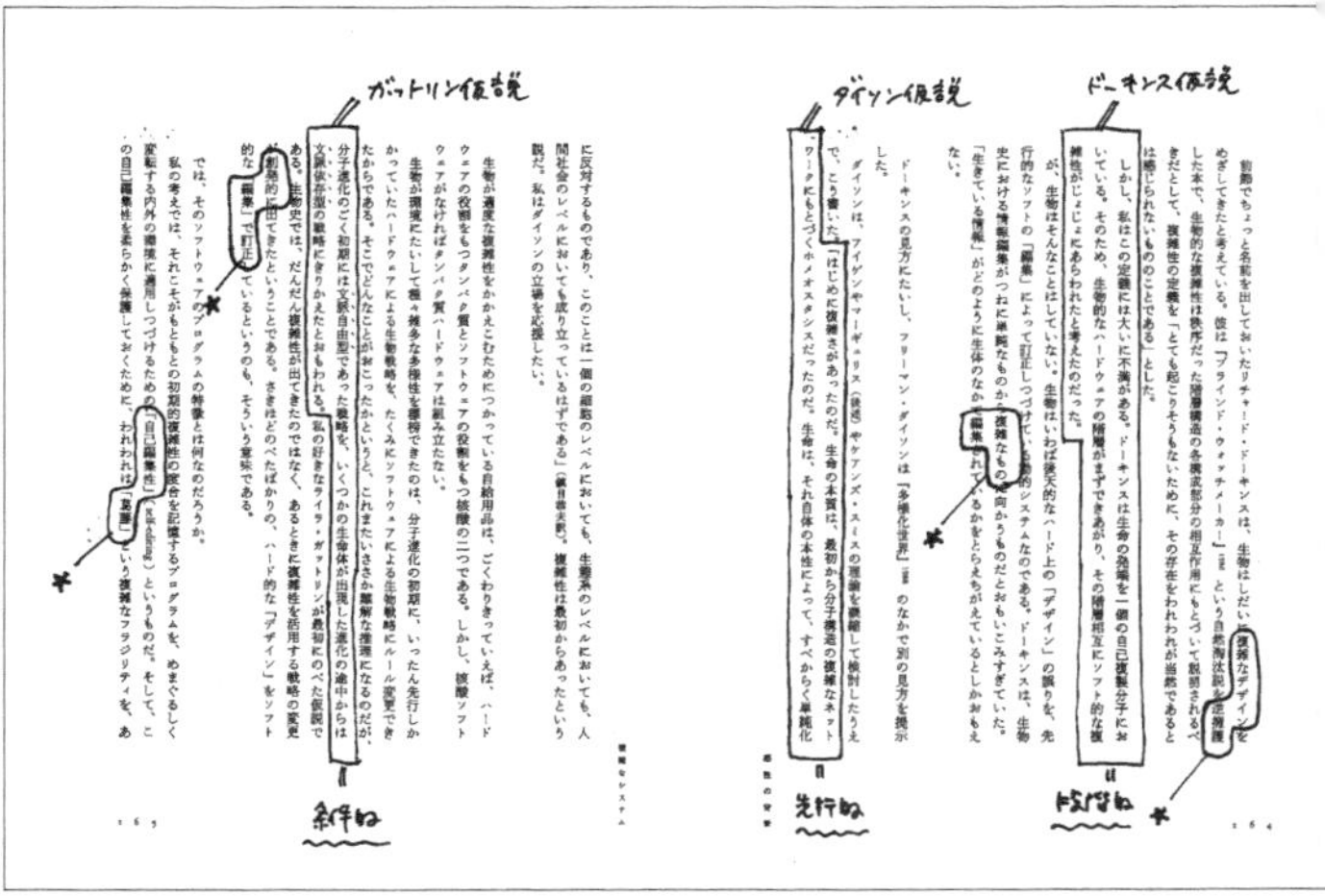

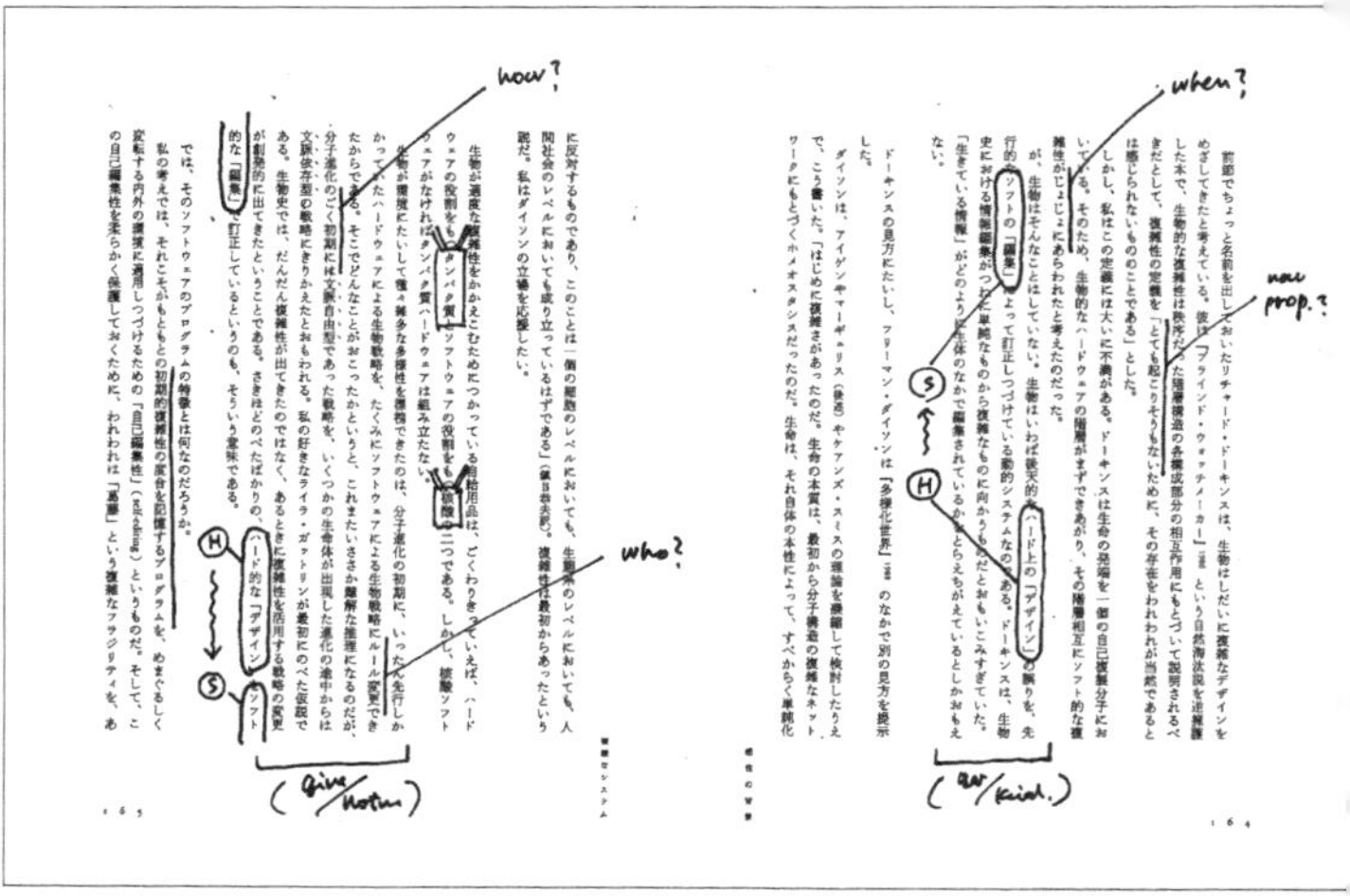

02 松岡正剛著『フラジャイル』(筑摩書房)より

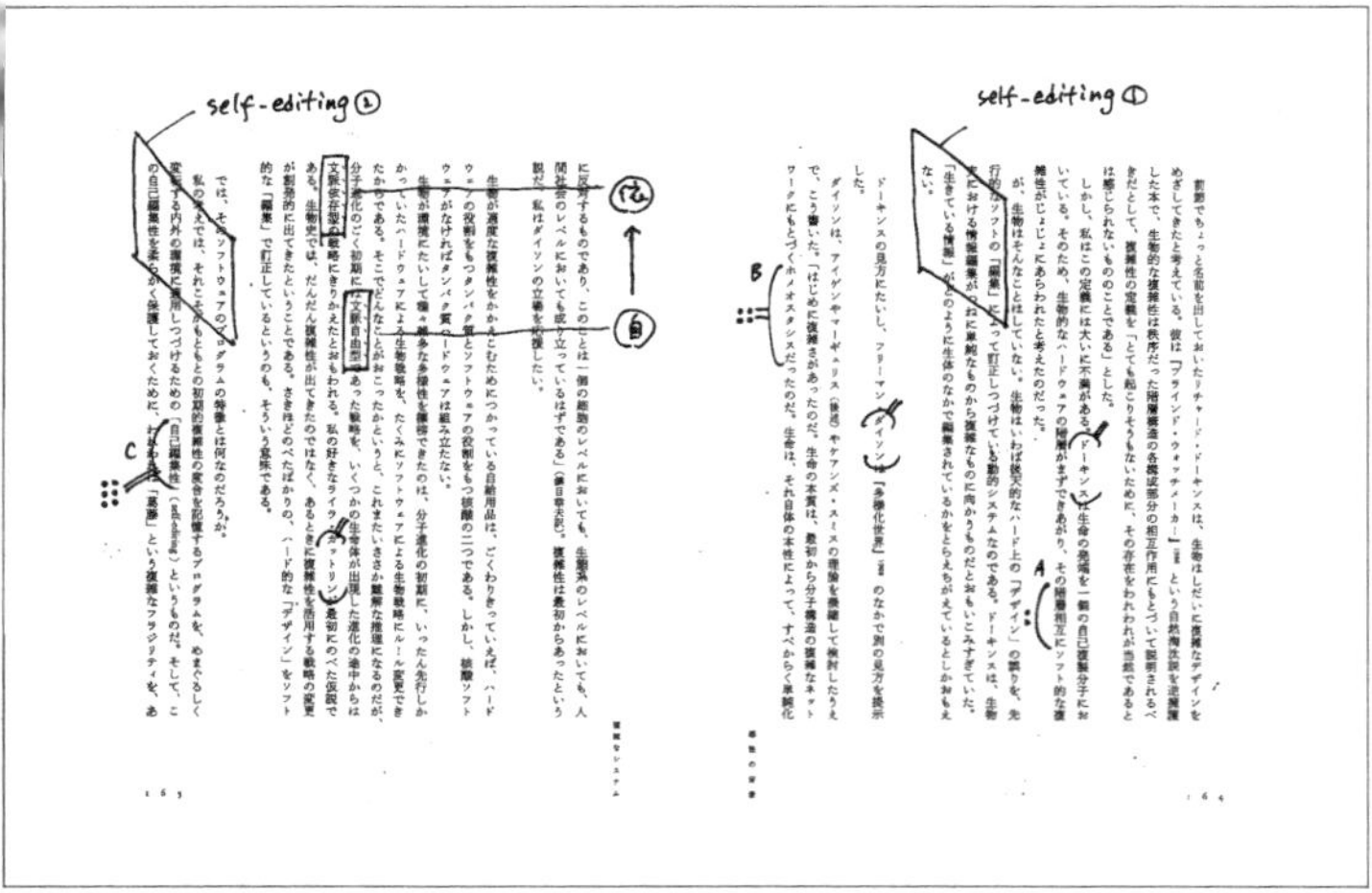

前節でちょっと名前を出しておいたリチャード・ドーキンスは、生物はしだいに複雑なデザインをめざしてきたと考えている。彼は『ブラインド・ウォッチメーカー』という自然淘汰説を逆擁護した本で、生物的な複雑性は秩序だった階層構造の各構成部分の相互作用にもとづいて説明されるべきだとして、複雑性の定義を「とても起こりそうもないために、その存在をわれわれが当然であるとは感じられないもののことである」とした。

しかし、私はこの定義には大いに不満がある。ドーキンスは生命の発端を一個の自己複製分子においている。そのため、生物的なハードウェアの階層がまずできあがり、その階層相互にソフト的な複雑性がじょじょにあらわれたと考えたのだった。

が、生物はそんなことはしていない。生物はいわば後天的なハード上の「デザイン」の誤りを、先行的なソフトの「編集」によって訂正しつづけている動的システムなのである。ドーキンスは、生物史における情報編集がつねに単純なものから複雑なものに向かうものだとおもいこみすぎていた。「生きている情報」がどのように生体のなかで編集されているかをとらえちがえているとしかおもえない。

ドーキンスの見方にたいし、フリーマン・ダイソンは『多様化世界』のなかで別の見方を提示した。

ダイソンは、アイゲンやマーギュリス（後述）やケアンズ・スミスの理論を概観して検討したうえで、こう書いた。「はじめに複雑さがあったのだ。生命の本質は、最初から分子構造の複雑なネットワークにもとづくホメオスタシスだったのだ。生命は、それ自体の本性によって、すべからく単純化

164

に反対するものであり、このことは一個の細胞のレベルにおいても、生態系のレベルにおいても、人間社会のレベルにおいても成り立っているはずである」（鎌田幸夫訳）。複雑性は最初からあったという説だ。私はダイソンの立場を応援したい。

生物が適度な複雑性をかかえこむためにつかっている自給用品は、ごくわりきっていえば、ハードウェアの役割をもつタンパク質とソフトウェアの役割をもつ核酸の二つである。しかし、核酸ソフトウェアがなければタンパク質ハードウェアは組み立たない。

生物が環境にたいして種々雑多な多様性を獲得できたのは、分子進化の初期に、いったん先行しかかっていたハードウェアによる生物戦略を、たくみにソフトウェアによる生物戦略にルール変更できたからである。そこでどんなことがおこったかというと、これまたいささか難解な推理になるのだが、分子進化のごく初期には文脈自由型であった戦略を、いくつかの生命体が出現した進化の途中からは文脈依存型の戦略にきりかえたとおもわれる。私の好きなライラ・ガットリンが最初にのべた仮説である。生物史では、だんだん複雑性が出てきたのではなく、あるときに複雑性を活用する戦略の変更が創発的に出てきたということである。さきほどのべたばかりの、ハード的な「デザイン」をソフト的な「編集」で訂正しているというのも、そういう意味である。

では、そのソフトウェアのプログラムの特徴とは何なのだろうか。

私の考えでは、それこそがもともとの初期的複雑性の度合を記憶するプログラムを、めまぐるしく変転する内外の環境に適用しつづけるための「自己編集性」（self-editing）というものだ。そして、この自己編集性を柔らかく保護しておくために、われわれは「葛藤」という複雑なフラジリティを、あ

複雑なシステム

165

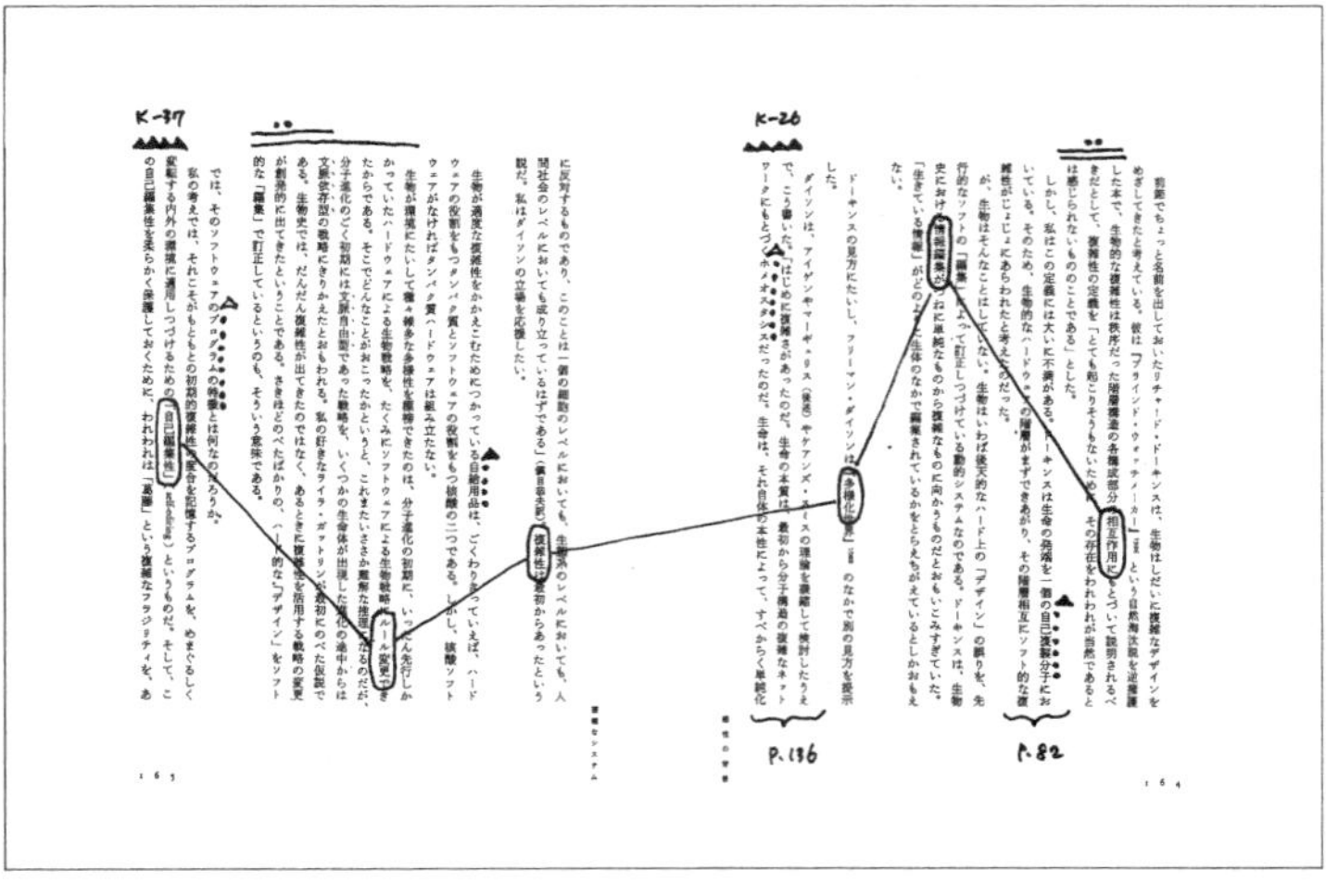

前節でちょっと名前を出しておいたリチャード・ドーキンスは、生物はしだいに複雑なデザインをめざしてきたと考えている。彼は『ブラインド・ウォッチメーカー』という自然淘汰説を逆擁護した本で、生物的な複雑性は秩序だった階層構造の各構成部分の相互作用にもとづいて説明されるべきだとして、複雑性の定義を「とても起こりそうもないために、その存在をわれわれが当然であるとは感じられないもののことである」とした。

しかし、私はこの定義には大いに不満がある。ドーキンスは生命の発端を一個の自己複製分子においている。そのため、生物的なハードウェアの階層がまずできあがり、その階層相互にソフト的な複雑性がじょじょにあらわれたと考えたのだった。

が、生物はそんなことはしていない。生物はいわば後天的なハード上の「デザイン」の誤りを、先行的なソフトの「編集」によって訂正しつづけている動的システムなのである。ドーキンスは、生物史における情報編集がつねに単純なものから複雑なものに向かうものだとおもいこみすぎていた。「生きている情報」がどのように生体のなかで編集されているかをとらえちがえているとしかおもえない。

ドーキンスの見方にたいし、フリーマン・ダイソンは『多様化世界』のなかで別の見方を提示した。

ダイソンは、アイゲンやマーギュリス（後述）やケアンズ・スミスの理論を概観して検討したうえで、こう書いた。「はじめに複雑さがあったのだ。生命の本質は、最初から分子構造の複雑なネットワークにもとづくホメオスタシスだったのだ。生命は、それ自体の本性によって、すべからく単純化

164

に反対するものであり、このことは一個の細胞のレベルにおいても、生態系のレベルにおいても、人間社会のレベルにおいても成り立っているはずである」（鎌田幸夫訳）。複雑性は最初からあったという説だ。私はダイソンの立場を応援したい。

生物が適度な複雑性をかかえこむためにつかっている自給用品は、ごくわりきっていえば、ハードウェアの役割をもつタンパク質とソフトウェアの役割をもつ核酸の二つである。しかし、核酸ソフトウェアがなければタンパク質ハードウェアは組み立たない。

生物が環境にたいして種々雑多な多様性を獲得できたのは、分子進化の初期に、いったん先行しかかっていたハードウェアによる生物戦略を、たくみにソフトウェアによる生物戦略にルール変更できたからである。そこでどんなことがおこったかというと、これまたいささか難解な推理になるのだが、分子進化のごく初期には文脈自由型であった戦略を、いくつかの生命体が出現した進化の途中からは文脈依存型の戦略にきりかえたとおもわれる。私の好きなライラ・ガットリンが最初にのべた仮説である。生物史では、だんだん複雑性が出てきたのではなく、あるときに複雑性を活用する戦略の変更が創発的に出てきたということである。さきほどのべたばかりの、ハード的な「デザイン」をソフト的な「編集」で訂正しているというのも、そういう意味である。

では、そのソフトウェアのプログラムの特徴とは何なのだろうか。

私の考えでは、それこそがもともとの初期的複雑性の度合を記憶するプログラムを、めまぐるしく変転する内外の環境に適用しつづけるための「自己編集性」（self-editing）というものだ。そして、この自己編集性を柔らかく保護しておくために、われわれは「葛藤」という複雑なフラジリティを、あ

複雑なシステム

165

図02に私のマーキング読書術の一端を図示しておいた。つかわれているのは私の『フラジャイル』(筑摩書房)という本の一六四・一六五ページの見開きページである。ここにあげたマーキング例はごく一部だが、これらを組み合わせていけば、いくらでも独自のマーキングになるので、参考にしてほしい。

文字のクセが表現を変える

いささか、私の個人芸のような話をしてみた。なぜ、私がこんなことに興味をもったり熱中してきたかということは、本書では語りきれない。いつか別の機会に書いてみようとおもう。

それでもひとつだけあげておけば、どうも中学時代に日記を書いていたことに関係がある。日記は小学生から続いていたが、日記の中身ではなく、そのときつかった万年筆に端緒のひとつがあるようなのだ。

その万年筆は『中一コース』だかの俳句欄で一席に入ったときに送られてきたもので、そういういきさつから私はその万年筆をいじくりまわし、ペン先を裏でも横でも斜めでも書けるようにしてしまったのだった。で、その万年筆で日記を書くのだが、あまりに万年筆がうれしいので、その日の出来事や感想のちがいのたびに、ペンづかいを変えてみた。

当然、裏ペンではカリカリ音がして、その音のような書体や文体になっていった。横ペンでは縦線と横線の太さがちがう。そこでもまた書体と文体が変わっていった。

もっと小さなころを思い出してみると、母が削る鉛筆の削りかたにあこがれて（当時は小学生は全員が肥後守かボンナイフで鉛筆を削っていた）、そのように鉛筆を削り、母の筆跡をまねしてみたこともあった。

そんなことなどが、どこかで私の編集人生に影響を与えたようにおもうのだが、このようなことについては中上健次がもっとおもしろいことを告白しているので、それを紹介しておこう。

中上健次は集計用紙に極細の万年筆で原稿を書いていた。『岬』も『枯木灘』も、である。棟方志功のように顔を紙にくっつけ、やはりカリカリと細字で書いていた。

なぜ集計用紙かというと、それなら五、六枚ポケットに入れて持ち歩けば、どこでも書けたかららしい。こんなことを告白している。

集計用紙はたえず外にいる格好のその頃の自分に似合っていたと思う。ただ、外で遊び暮らすのと、外へ出て昼勤をやり夜勤をやるのと、肉体の反応が違うから、ジャズを聴いて遊び暮らしていた頃の小説の文章は、だからやけに長く、よだれのようにのたくっているし、肉体労働してからの小説は、飯食って、生活者として女房子供養っていくのにまだるっこしい事いってられるかと、文章は短くなる。

（中上健次『私の文章修業・「必要」に応じて』より）

これはよくわかる話である。

すでに第一章に「しぐさ」や「くせ」こそが編集の関心になりうるのだということを書いておいたが、一定の完成度をめざしているようにみえる小説家でも、このように原稿用紙やペンや暮らしぶりで文体も表現も変わってくるのである。まして、編集術においては、だ。ぜひとも、このあたりの感覚はつかんでもらいたい。

【編集稽古】15　ここでちょっと筆跡遊びをしてみたい。筆跡に個性があらわれているとはいえないが、何かはあらわれている。何があらわれているのか。試しに、ここにあげた近現代の著名な作家たちの筆跡をあてつつ（図03）、そのあたりのことにおもいをめぐらせてみてほしい。出典は『新潮日本文学アルバム』（新潮社）。誰がどんな文字を書いているのか、〝正体〟は巻末に。

①

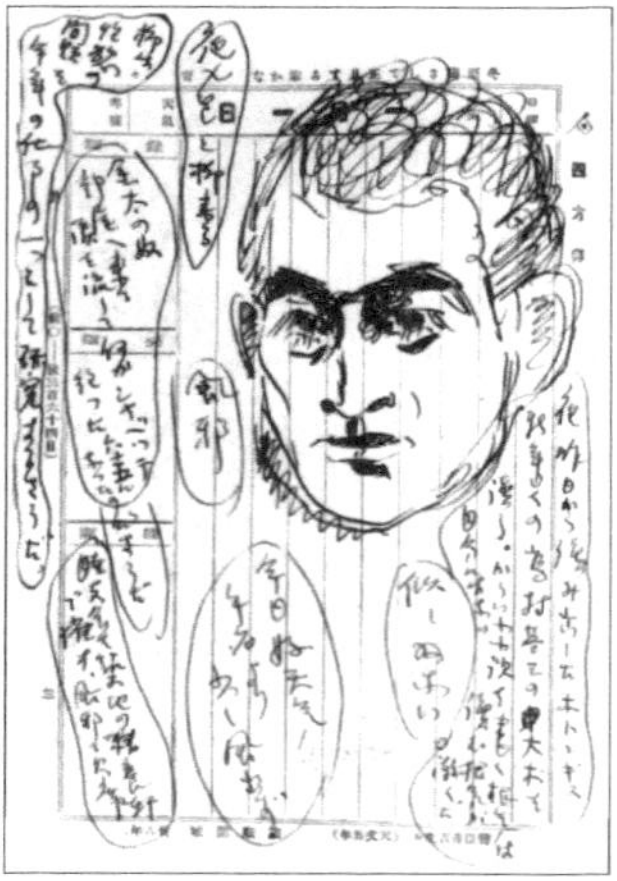

②

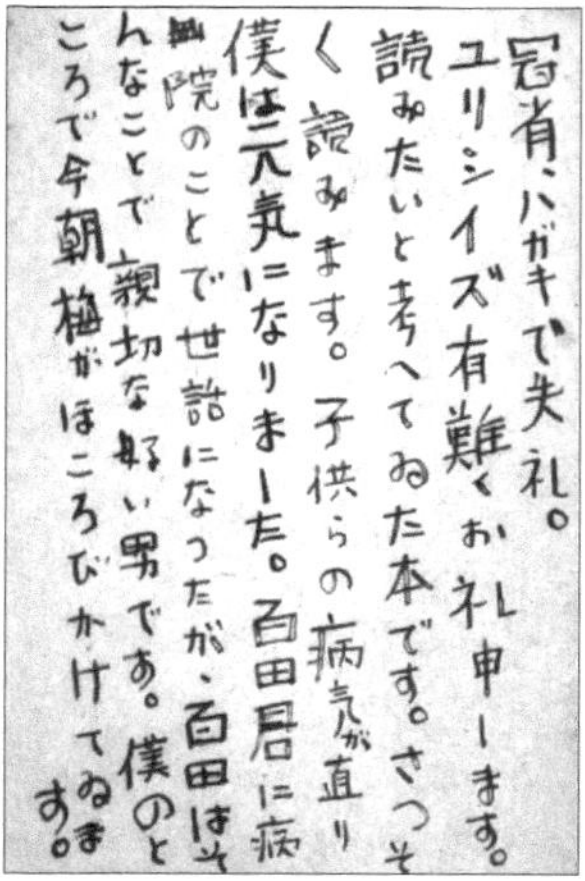

冠省、ハガキで失礼。
ユリシイズ有難くお礼申します。
読みたいと考へてゐた本です。さつそ
く読みます。子供らの病気が直り
僕は元気になりました。百田君に病
院のことで世話になつたが、百田はそ
んなことで親切な好い男です。僕のと
ころで今朝梅がほころびかけてゐま
す。

③

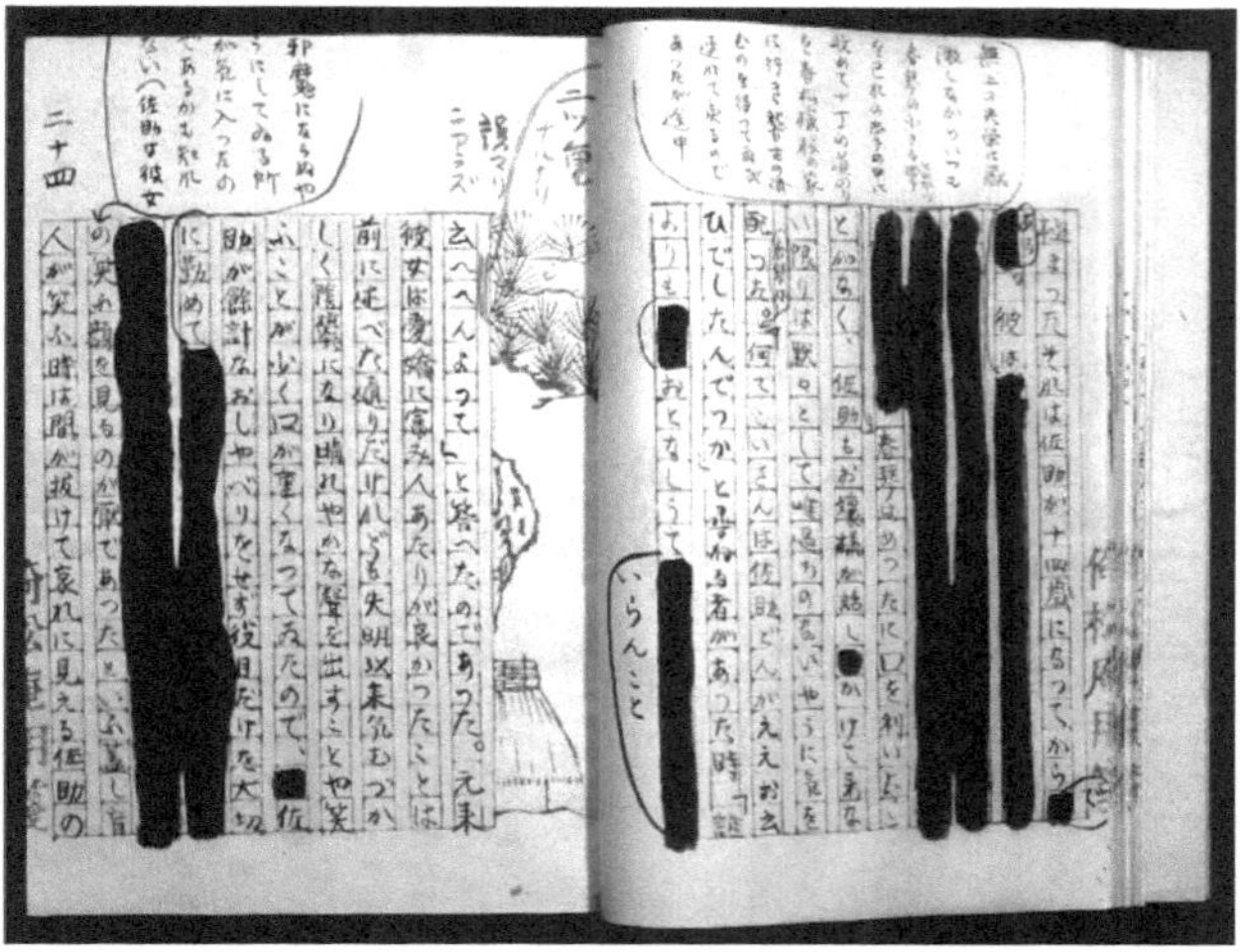

④

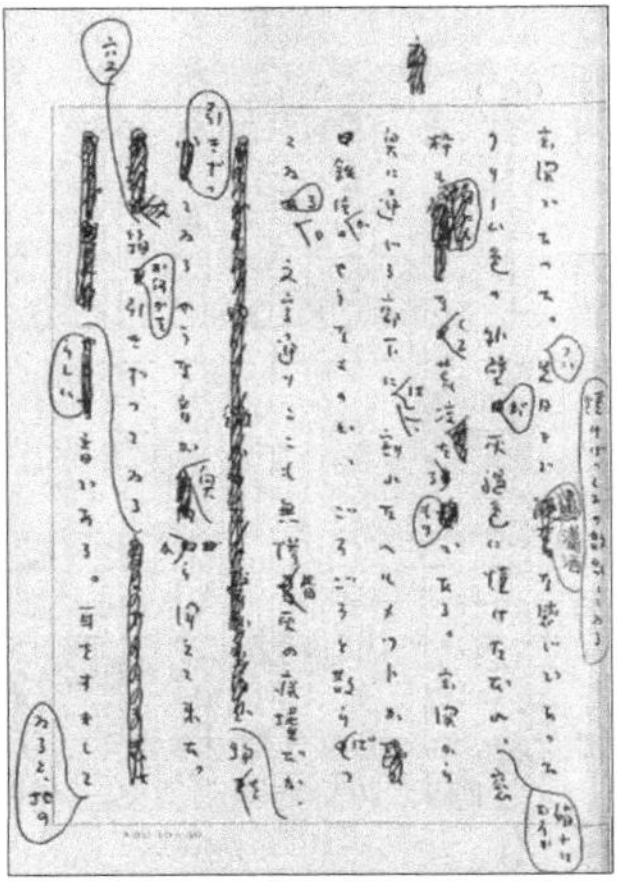

⑤

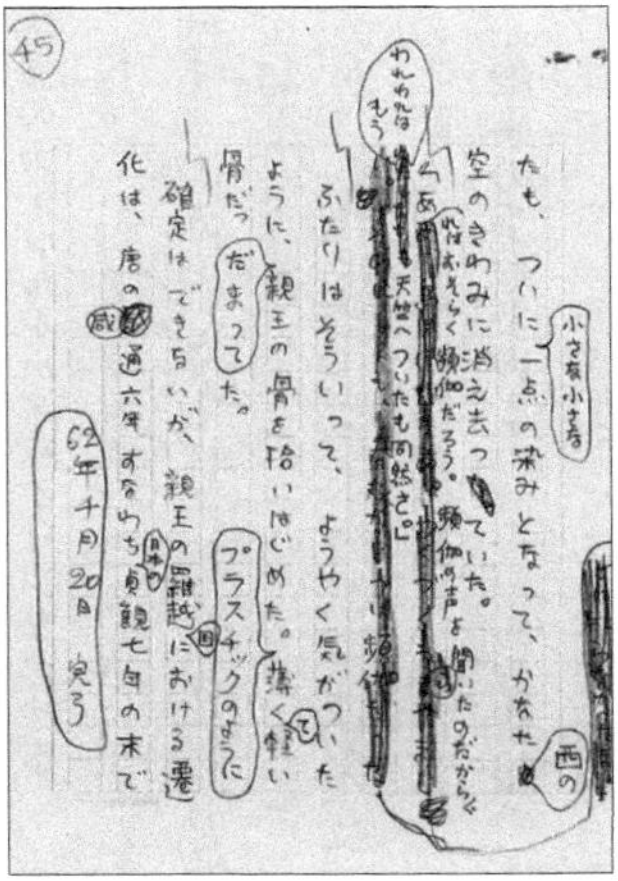

⑥

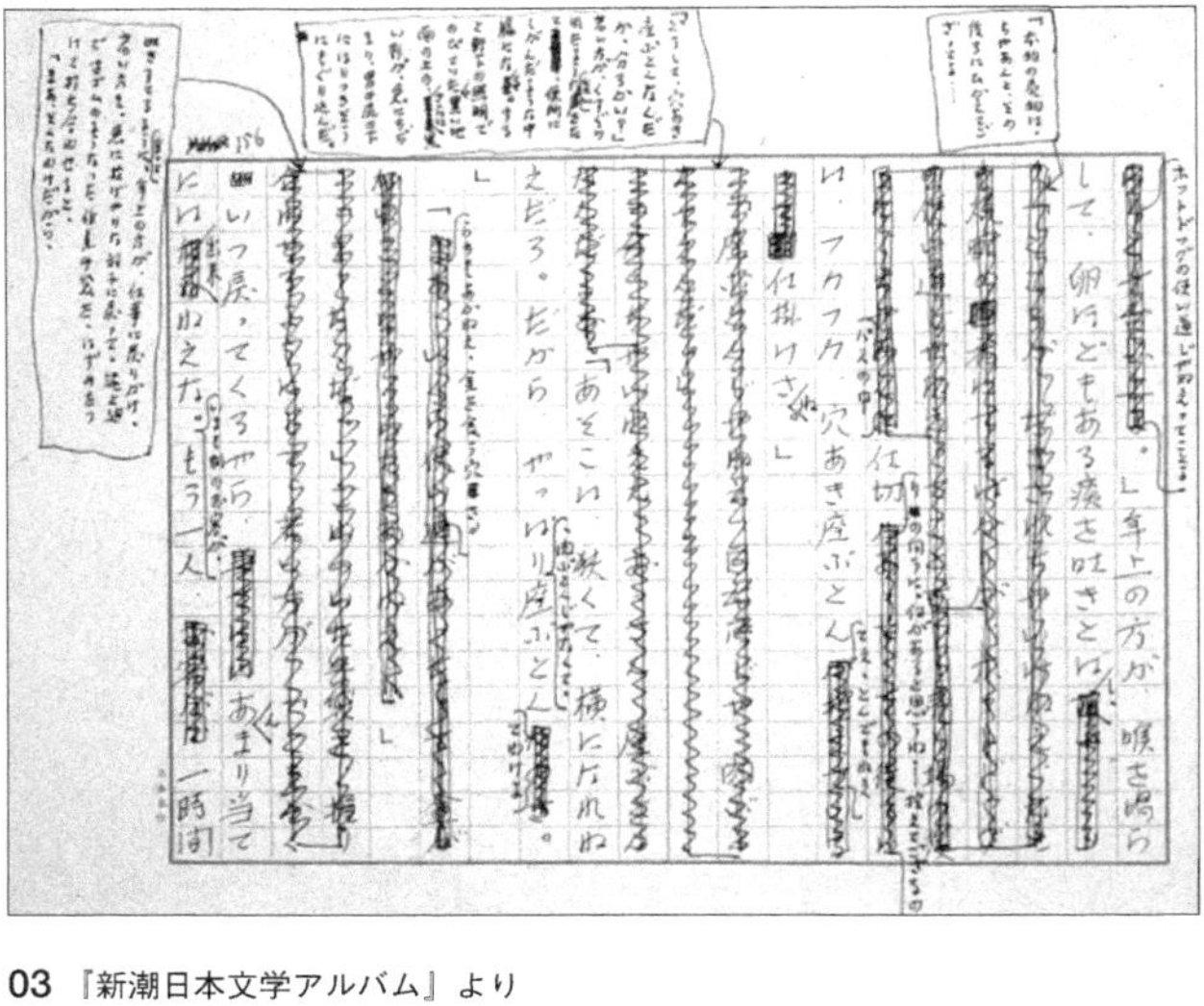

03 『新潮日本文学アルバム』より

注意のカーソルをハイパーリンクさせる

以上、いささか脇道にそれたと見えたかもしれないが、編集術は「情報の様子」を重視するのだから、そして「編集は遊びに始まる」のだから、すべては関連しているとおもってほしい。

が、それはそれとして、このへんでふたたび実用篇にもどることにする。いよいよ編集の手順についての案内である。

編集の手順というのは、「ある情報の流れ」を編集していくばあいの手順のことで、これまでいろいろ説明してきた編集術のあれこれも、結局はどのように一連の手順にするかということによっては、まとまるものもまとまらなくなってしまう。ラジオの組み立てやパソコンのインストールと同じように、手順をまちがえればすべてがオジャンになることもある。逆に、どのような順で編集するかといっても、向かうべき情報素材がどのような状態にあるかによっては、一般的な手順だけでは処置のしようがないばあいもある。

そこで、ここでは編集工学研究所がよくつかっている汎用的な手順を紹介しておくことにする。二つの種類がある。ひとつは「編集十二段活用」というもので、これはパソコンにつかえるような手順になっている。もうひとつは「編集八段錦《はちだんきん》」とよんでいるもので、認知科学・言語論・学習理論などを下敷きに編集工学化したものである。

では、「編集十二段活用」から。

まずなんといっても、編集は「注意」（意をそこに注ぐということ）に始まる。注意がおこらなければ何事も始まらない。

シナリオライターで映画監督でもある新藤兼人は、こういうことを言っていた。「ぼくは文章家ではないから美しい文章にしようなどとは思わない。ただ対象をとらえたいのだ。したがって、歩いていく、歩いてくる、歩いている、というような区別がいちばん重要になる」と。編集術にもそういうところがある。

そこで、そのように意識の映像に注意を起動させたときの関心の矢印を「注意のカーソル」とよんでおく。「注意のカーソル」をどのような順でどこに動かしていけばいいかということだ。ここでは要約編集ではなく連想編集を例にする。要約編集は絞っていくのだが、連想編集はだんだん開いていく。次の十二段階におよぶステップの「順」は、その開いていくほうである。

◎編集十二段活用

①注意のカーソルを対象にむける。
②注意の対象およびその周辺に少しずつ情報が読みこまれていく。

③同義的連想が始まって、シソーラス性が豊かになっていく。
④だんだん情報の地（情報分母）と図（情報分子）が分離できていく。
⑤さらに階層化がおこり、情報の周辺をふくむ全体像が立体化してくる。
⑥さまざまな情報がネットワーク化され、リンキングをおこす。
⑦デフォールト（欠番構造）やスロット（空欄）が見え隠れする。
⑧それがハイパーリンク状態になったところで、そこに筋道を読む。
⑨筋道にあたるレパートリー（情報見本帳）を検索する。
⑩カテゴリーが凝集し、ステレオタイプやプロトタイプが出入りする。
⑪必要な情報のレリバンス（妥当性）を求める。
⑫そのほかいろいろの編集（六十四編集技法）を加える。

ざっとこういうぐあいだ。パソコン編集をするのにも便利なように書いておいたので、参考にしていただきたい。これにもとづく応用編集は「六十四編集技法」でさらに展開してもらえればよい。

この「十二段活用」では、まず情報の流れを階層化し、これをもとにネットワーク型のデフォールト構造を想定するところが狙いになっている。デフォールトというのは、たとえば建築で一つの部屋をつくるばあい、南側に外向きに窓をとったとすると、それ以外の東・西・北側のいずれかにその部屋に出入りする戸口が設けられるはずなのだが、そのようにいう片割れの情報をもとに一個の部屋のようなトータル構造を想定してつくっておくことをいう。あるテーブルの上に一枚の皿とフォークとナプキンがあるのなら、そのテーブルのデフォールト構造にはフランス料理が必要とするナイフやスープ皿をふくむ完全なテーブル・セットが想定されてよいわけである。また、ここに数小節の楽譜の断片があるとするなら、そこには交響曲や管弦楽などを想定したデフォールトが想定されてよい。

どのようなデフォールトを用意して編集を進めるかは、なかなか熟練がいる。しかし、世の中の情報というものは、どんな情報であれハダカでいるわけではなく、必ずや「氏」や「育ち」や「アドレス」や「向き」をもっている。また、前章に説明したように、そこには乗物や着物や持物の「痕跡」がある。これらをヒントにしてありうべきデフォールトを設定していくことは、けっして不可能なことではない。

また、このようなことが可能になりやすいように、編集工学ではさまざまな検索が可能な情報見本帳ともいうべきレパートリーをもっている。そのレパートリーにあたりながらデフォールトがいくつか想定されるようにもなっている。

階層化からデフォールトが想定されると、次はそこに「ステレオタイプ」「プロトタイプ」「アーキタイプ」を適用してみる。第三章の要約編集のところで「略図的原型」の三つのタイプとして説明しておいた、あの三タイプである。

編集はたんなる創作ではない。

創作ならば、できあがったものがすべてで、そのプロセスは問われなくともよい。が、編集はむしろプロセスにこそ生命がある。そして、どんなプロセスにもいわばラベルがついているのだし、どんな部品にも行き先のタグや収納のためのアンカーがついているのである。こうしたラベルやタグやアンカーによって情報素材が緊密に連絡しあうことを、リンクとかリンキングといっている。

編集工学はそのようなリンクのはりめぐらされた「意味のふくみあいの世界」を、さらにコンピュータとネットワークをつかってハイパーリンクの状態にまで高めていくことを志す。そういう特徴をもっている。ただし、本書では入門書ということもあるので、このような工学的な特徴についてはまったくふれないことにしてある。

情報のライフサイクル——「編集八段錦」の不思議

さて、いま紹介した「編集十二段活用」の流れはあくまで「注意のカーソル」を支点にして組み上がっていく編集の手順であったが、これを今度は編集の完成度をめざした手順にもとづいて、「情報」を主人公にしてステージングしていくと、次のような八段階にわたるエディティング・プロセスになる。

これを編集工学研究所では「編集八段錦」といっている。ここには、これまでの編集術の流れのエキスのすべてが情報学的な意味で集中されている。八段階は次のようになっている。まず概要をあげておこう。

①区別をする（distinction）……情報単位の発生
②相互に指し示す（indication）……情報の比較検討
③方向をおこす（direction）……情報的自他の系列化
④構えをとる（posture）……解釈過程の呼び出し
⑤見当をつける（conjecture）……意味単位のネットワーク化
⑥適当と妥当（relevance）……編集的対称性の発見
⑦含意を導入する（metaphor）……対称性の動揺と新しい文脈の獲得
⑧語り手を突出させる（evocate）……自己編集性の発動へ

この八段階の特徴は、七段階目までは情報が主語になっているところにある。また、六段階目までは情報が自己組織化をおこしているとみなしている。

すなわち、最初に情報が区別をうけ、その情報相互に自主分離がおこり、それらの情報が大きなグルーピングやネットワーキングをつくりながら、大きな「意味の対称性」を発見していくことに、六段階目までの進捗の特徴がある。

しかし、そこでおわらない。ついで、その対称性が破れて、さらに新しい文脈を獲得するプロセスが七段階目で重視される。このようなことはクォーク量子力学や遺伝子情報の生命工学などにも見られることで、編集工学はその成果もとりこんだのである。が、ここまでなら情報の自己組織化で話がおわる。これらのプロセスをおえた情報編集構造の総体が、最後の八段階目にいたって、ついに語り手によって自由な編集的装飾や編集的改変をうけていく。そこが最も重要な仕上げになっている。

まあ、これだけではまだ十分なことは見えにくいだろうから、もうすこし詳しく説明しよう。一段階ずつ説明する。

わかりやすくするために、途中に「今は山中・今は浜、今は鉄橋・渡るとぞ」というよく知られた唱歌と『津軽海峡冬景色』(阿久悠作詞)と『桃色吐息』(康珍化作詞)の歌詞を分けて入れておいた。これは八段錦が次々にさしかかっているところの光景の目安になっているので、自分の好きな歌詞で目安をたててもらうとよい。歌詞はたいへんよくできていて、すこぶる編集的である。

また、生命の受精からはじまる発生分化のプロセスをヒントとして入れておいた。そのほうがわかりやすい読者はそこを目安にしていただきたい。算用数字は六十四編集技法のコードナンバー（一五九ページ）に対応する。では、じっくり読みほどいていただきたい。

◎編集八段錦

①区別をする（distinction）……情報単位の発生

「今は山中・今は浜」

「上野発の夜行列車・おりた時から」

「海の色にそまる・ギリシャのワイン」

最初に、収集された情報あるいは与えられた情報を、区分けしたり分類したりする。かつてグレゴリー・ベイトソンが定義したように「情報とは差異である」のだから、まずはこのあとの作業のための情報単位（その長短いずれでも単位は任意でいい）を決めなければいけない。ただし、ここはムリをしてはいけない。できるだけ意図をもたないで情報単位を立ち上げる。歌も出だしが肝要。

☆受精卵に卵割がおこり、しだいに割れ目や陥没が生じる。

☆トータルな原腸状態になることが必要。

0002・0003・1211・1212・1213

②相互に指し示す（indication）……情報の比較検討

「今は鉄橋・渡るぞと」

「青森駅は雪の中」

「抱かれるたび・素肌・夕焼けになる」

①で見えてきた情報単位をグルーピングし、それぞれを比較しつつ、いくつかに系統化していく。情報は他の情報との比較によってしか前に進まない。青森駅についてみなければ雪が降っているかどうかはわからないし、抱かれてみなければ素肌が夕焼け色になるかどうかはわからない。

☆原腸に外胚葉・中胚葉・内胚葉が生まれ、情報編集の役割が分かれる。

☆誘導体を何にするか。外胚葉にはやくも神経誘導がおこる。

1416・1418・2242・2243・2446

③方向をおこす (direction)……情報的自他の系列化

「思う間もなく・トンネルの」
「北へ帰る人の群れは・誰も無口で」
「ふたりして夜に・こぎ出すけれど」

②の情報系統をさらに二つの大きな対比軸に分けていく。このときいよいよAを情報自己的に（メイン系ないしはサブジェクティブに）、Bを情報他者的（サブ系ないしはオブジェクティブに）グループに分けて立体的な系譜をつくっていくとよい。ここで初めて二つの方向が生じて、一対の対応力をもつのである。つまりはトンネルの内と外、漕ぎ出した船の内と外を明確にしていくことだ。

☆各胚は大きく原腸胚と尾芽胚に分かれ、胚の各部で器官の原形が形成される。

☆体節が一対ずつ形成されていく。神経もしだいに発達しつつある。

1623・1314・1315・1520・2961

④**構えをとる**（posture）……解釈過程の呼び出し
「闇を通って・広野原」

「海鳴りだけをきいている」

「だれも愛の国を・見たことがない」

ここで、いったん全体を見まわして、今度はそこにある情報群ではない別の外部参照系から情報を対応させてみる。関連図書、歴史、ヒアリングなどがここに呼びこまれ、そのつど対応関係におかれていく。これまでの成果をいったんトンネルの外の広野原の中においてみるわけである。そうすると、意外な愛の国が見えたりもする（見えなくてもあきらめない）。
☆各器官が一種の「場」を形成しはじめ、自律的な解釈をしはじめる。
☆器官のそれぞれに独自な特性がそなわってくる。
1727・1830・2242・2243・2446・2447・2448

⑤**見当をつける**（conjecture）……意味単位のネットワーク化
「遠くに見える・村の屋根」

「私もひとり・連絡船に乗り」

「さびしいものは・あなたの言葉」

こうして、ここまでの情報の流れの多様な特徴を総合的なネットワーク地図にしてみる。そうすると出来不出来も見えるし、凹凸も見えてくる。ここは鳥瞰的な編集であり、編集主体から離れて全貌を見つめる段階になる。そうすれば遠くに見えるのが村の屋根であることも、自分が一人で連絡船に乗っていることも、あなたの言葉が原因だったことも、わかる。

☆発達してきた神経系を活用して、全体に連絡網ができあがっていく。

☆各器官に連絡網から入る情報を編集するための端末装置ができていく。

1624・1213・1314・1625・1417・1933

⑥適応させる (relevance)……編集的対称性の発見

「近くに見える・町の軒」

「こごえそうな鴎《かもめ》見つめ」

「異国のひびきに似て・不思議」

⑤でできあがった情報ネットワーク地図をよく観察して、これまでの編集過程でまだ発見できていなかった諸関係を発見する。すなわち、編集されつつある情報

地図にひそむ対角線を発見する段階になる。これを編集的対称性の発見という。そうすると意外な異国の響きも聞こえてきて、不思議。

☆個体としての組織が完成してくる。

☆仮に不足や欠陥があったばあいは、これを補完する機能が発達する。

2550・1419・1110・2242・1832

⑦含意を導入する (metaphor) ……対称性の動揺と新しい文脈の獲得

「森や林や・田や畑」

「泣いていました」

「金色・銀色・桃色吐息」

ほぼできあがった情報編集構造の各部分に新たに比喩性を与える。つまり連想性をふんだんにもりこむわけである。この作業はたいへん重要で、ここまでの編集にまったく新しい息吹が与えられることが多い。比喩の選びかたによって、子供むけにもなるし、セクシャルにもなっていく。あなたに抱かれてきたことは、なるほど桃色吐息だったのである。

☆中枢神経(脳)の作用により、外部情報を加えた新たな文脈関係が確立する。
☆ようするに個体としての環境適用がはかられる。
1829・1830・1934・1935・2036・2038・2140・1831

⑧**語り手を突出させる**（evocate）……自己編集性の発動へ

「後へ後へと・飛んで行く」

「ああ・津軽海峡冬景色」

「きれいといわれる・時は短かすぎて」

以上のことを物語としてあらためて語っていく。そうすると、情報が順番に後へ後へと飛んでいく。それが津軽海峡の冬景色というものである。そのことを語るために情報編集主体とは別の語り手を選ぶこともある。それでもその語り手は自己編集的に以上の物語を語ることになる。シンデレラの物語をシンデレラが語るか、王子が語るか、魔法使いが語るか、継母が語るかという選択である。けれども、きれいと言われる「時分の花」は短すぎる。誇っていてはいけない。
☆自己組織化された情報自己とは別の「非自己」に対応する作用がおこる。
☆たとえば免疫的自己のような「語り手」の形成がここに導入される。

2654・2656・2552・2757・3063・3064

どうだったろうか。何度かいろいろな編集場面にあてはめて検討してほしい。だんだんわかってくるとおもう。だんだん味も出てくる。

この流れの特徴は、大きくみると、「情報を集めて特色を発見していく編集」と「それをもう一度背景や参照系にひきあわせてする編集」と「そこに含意や比喩をあてはめていく編集」という、三つの組み立てになっているということである。

ただ、この節の最初にも説明しておいたように、最後の八段階目に「語り手を突出させる」という段階があって、これがもうひとつの交響曲のコーダのように加わって、実際には四つの編集の組み合わせになっている。

なぜコーダがつくかというと、編集術では最後は語り部にこそいっさいが委ねられることを理想としているせいである。どんな情報内容であれ、それを子供が聞いたのか、病人が知ったのか、またその情報内容が誰に伝えられるのかによって、最後の編集の仕上げは変わっていくべきなのである。それをここでは「語り手の突出」とよんでいる。

ところで「エディット」という言葉には、ギリシア語やラテン語でいうと、edere（外に出す）＝「出して与える」「自分から渡す」「産出する」という意味が躍動している。英語でいえばさしずめ〝edit＝to give out〟というふうになる。ギブ・アウトするのが編集なのである。この感覚を大事にしてほしい。
ちなみに『ロジェのシソーラス辞典』そのほかによると、〝edit〟の英語の同義語は次のようにたくさんある。いかに多くの動詞が編集的であるかということだ。

adapt・alter・amplify・analyze・annotate・arrange・assemble・assign・blip・censor・change・check・choose・compile・compose・compress・condence・correct・cut・delete・draft・emend・erase・excise・feature・modify・order・organize・prepare・prescribe・rearrange・redact・reduce・refine・regulate・rephrase・report・revise・rewrite・selectus・shorten

第6章　編集指南・編集稽古

たくさんの中からひとつずつふるい落としていくことが、望むものを見つけだす近道なのである。

……チャーリー・チャップリン

一日の出来事を書き出してみる

ジャン・コクトーがオリジナリティを嫌っていたのは有名な話だ。こんなふうに書いている、「私はオリジナリティは大きらいだ。できるだけそれを避けている」。

編集もオリジナリティにこだわらない。むしろ何がオリジナリティかを疑っている。だいいち、オリジナリティなど信奉していたら、編集は一歩も前に進まない。古代ギリシアではアナロギア（類推）・ミメーシス（模倣）・パロディア（諧謔）の三つの技法が尊重され、それがギリシア劇という壮大な金字塔を打ち立てたのであるが、編集もそうありたい。

日本でも同様のことはおこってきた。たとえば世阿弥は「ものまね」をこそ重視した。では世阿弥の舞台世界がたんなる「ものまね」におわったかというと、むろんそんなことはなかった。逆に、能楽は日本の芸能のなかでも格別のオリジナリティを確立していったのである。世阿弥はその「ものまね」を「稽古条々」として不断に培うことを奨励した。そしてそこに「時分の花」が開花することを思想した。

だから編集術に「編集稽古」（エディトリアル・エクササイズ）があるとすれば、それはまずオリジナリティを忘れることからこそ稽古が始まるということになる。この章では、そういった編集稽古でふんだんに遊んでもらうことにする。そして、そこで芝居はハネる。

では、さっそく連続的な「編集稽古」に入ってみよう。もう一度、できるだけ入門的なところから入って、すこしずつ複雑なものに移っていくことにする。

【編集稽古】16　何人かで組んでやるのがよい。きのう一日の出来事を思い出し、これをポストイット（付箋）に書きこんでみるのである。何枚になってもよいが、できあがったら、それをお互いに交換し、自分の編集のしかた、友人の編集の「くせ」を感じること。

このエクササイズは誰もができる。しかも、一日の出来事を思い出して書くという単純な作業を通して、編集術というもののアウトラインを知るようになっている。

一日の出来事というのは、朝は何時に起きた、朝食はトーストだったか、ご飯だったのか、そのとき新聞を読んだりテレビを見たのか、会社や学校ではどういうことがおこったのか、そういう単純な出来事の連続になっているのだが、それらを分節しながら適宜ポストイットにピックアップしているときに、まずアタマの中で「情報化」というものがおこっている。ついで、その情報化された出来事を並べるときに「編集化」がおこる。日記を書くときも同じことで、どうしても接続関係が気になるはずであり、その接続関係をすこしでも意識することが編集につながるのである。が、これだけではまだ編集術とはいえない。次のエクササイズでもうすこし編集が動き始める。

【編集稽古】17 【編集稽古】16で書いたポストイットを、並べ替える。たとえば「自分の好きなことの順番」にする。また「値段の高い順番」にする。あるいは、「日記に書いておきたい順番」や「大事な人とのかかわりの順番」にする。そういうことをしてみるのである。まあ、清少納言になったつもりでしてみるとよい。

このエクササイズをしてみると、一日の出来事には、実はいろいろなオーダーやルールが隠れていたことが見えてくる。グループでやってみると、他人の価値観というものも見えてくる。

が、それより重要なことは、どんな情報群にも、いくつもの並べかたがあって、われわれはふだんはそれを一義的にしか選択していないということだ。もし、このエクササイズをすぐさま高度にしたいなら、任意の長めの文章を選び、これを要約法（第三章参照）でポストイットにキーノートしてみるとよい。そして、他人のキーノートとくらべる。ついで、自分の好きな順番に並べ替えてみるのである。すっかりアタマに入るにちがいないし、それよりなにより、その著者の思想の長所と限界というものが構造的に見えてくるだろう。

コピーライターになってみる

もうすこし基本的な編集稽古を続けよう。今度はプロの編集術に学んでみるエクササイズである。いろいろ方法があるが、ここではかんたんなエクササイズを採用しておく。

01 「毎日新聞」1998年７月13日１面より

【編集稽古】18　図01のような、あらかじめタイトルやヘッドライン（見出し）を消してある新聞を見て、その空白部分を埋めてみる。これは誰かにつくっておいてもらう必要があるが、そのような準備活動も編集稽古になる。

新聞のヘッドラインというものはたいへんよくできている。プロの編集術とはどういうものかもわかる。まさに要約編集術のお手本といってよい。ただし、いくら新聞を毎朝毎夕見ていても、その編集術はわからない。そこで、いったんヘッドラインを消してみた。本書では読めないいだろうが、エクササイズにあたっては原寸のものをつくり、みんなで記事を読んで見出しづくりをしてみるとよい。

それでわかってくることは、たとえば「小渕首相、ついに決断」とするか「小渕首相、やっと決断」とするか、その、「ついに」か「やっと」かだけでも情報の表情が変わってくるということだ。これが第一章でのべた「情報の様子」がたいせつになるという話なのである。図01の〝原作〟を巻末に示しておく。

【編集稽古】19　今度は広告である。図02では広告のコピー（キャッチフレーズ）が消してある。そこで残された図柄だけを見て、うまいコピーを考えてみる。

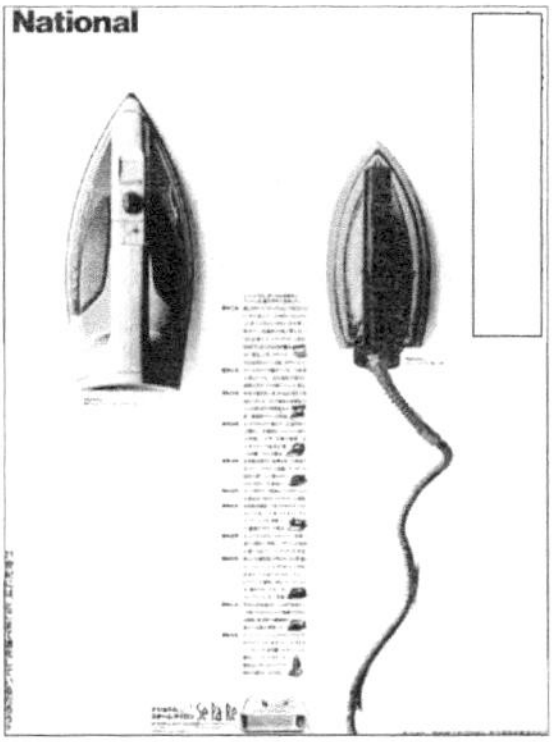
National

①

友がいい酒をくれた。
心遣いが、もったいない。
飾っておくのは、もったいない。
封を切るのは、もったいない。
ひとりで飲むのは、もったいない。
こんなにいい夜が、もったいない。
もったいない、もったいないと言いつつ、
瓶はいつしか空になる。
サントリーローヤル

②

PROCKEY

③

④

02 広告提供／①松下電器産業②サントリー③三菱鉛筆④オカモト
（商品クレジットは巻末）

広告も編集術の世界である。ふつうはCD（クリエイティブ・ディレクター）がいて、AD（アート・ディレクター）、デザイナー、コピーライター、写真家（あるいはイラストレーター）、営業担当者などとミーティングをし、これをまとめながら大ラフ、ラフ、カンプなどをつくりつつ進めるのだが、ときにはコピーが先行したり、写真のイメージが先行することもある。

が、いずれにしても広告には必ず言葉が入る。その言葉と視覚性がうまくかみあうかどうかが勝負である。写真をそのまま説明しているコピーではつまらないし、といってコピーが一人歩きしていてもダメだ。さらに大事なことは、広告づくりの過程のなかで不要な言葉が削ぎ落とされていくということである。

説明をするのはかんたんなのだ。商品知識などはいくらでもメーカー側が提供してくれる。広告表現では、それを何かの「暗示性」に切り替えなければならない。そうすると説明性が削られていく。それでもアトラクティブな広告になる必要がある。では、どうするか。相当にイマジネーションが要求されるはずである。まあ、挑戦してみてほしい。

またその逆に、かなり難しいが、コピーだけを見て図柄を思い浮かべてみるのもよい。これはクリエイター志望にはとてもいいエクササイズになろう。原作は巻末。

【編集稽古】20　次はマンガをつかってみよう。ここでは図03の吹き出しにセリフを入れてみる。四コマなので起承転結を必要とする。しかも笑わさなければいけない。が、どこで笑わせるかは、必ずしもオチでとはかぎらない。伏線が重要になる。

03 ©植田まさし『かりあげクン』（双葉社）より

私はマンガ家を編集術の先生としてたいへん尊敬している。コマ割りのしかた、絵の描きかた、ストーリー展開のうまさ、いろいろ尊敬しているが、それらを学ぶには、四コママンガにとりくむのがいちばんいいだろう。なにしろそこには起承転結がある。

起承転結とは、①発端「何かがある」(何かが起こった)、②継承「ついで何かに変化がおきた」(何かが加わった)、③転回「ところが意外なことになった」(変なことに気がついた)、④結末「実は、こういうことだった」(結局、こうなってしまった)、という四段階だけでストーリーを感じさせることで、世界中の物語の基本的な筋書になっているものをいう。世阿弥はこれを「序破急」という三段階にしたが、根本の展開をめぐる見方は変わらない。こういうしくみを「スクリプト」といい、なかで四コママンガやミステリーやサスペンスのように読者をちょっとひっかける伏線に注目したつくりかたを「プロット」(罠)という。原作は巻末。

ジョージ・ルーカスの定番プロット

ここで、すこしだけだが、物語構造の秘密の一端にふれておくことにする。スクリプトもプロットも熟練すればするほどうまくなるが、ジョージ・ルーカスのように、どんな映画もひとつの定番的スクリプトしかつかわないという作家もいるからだ。

ルーカスのばあいは、彼が大学時代に教わった神話学者ジョセフ・キャンベルの英雄伝説の構造を下敷きにしている。それは、次のようなものである。

①「**原郷からの旅立ち**」主人公がある必要に迫られて故郷を離れる。ただし、まだ真の目的はわからない。このとき、その主人公に加わる者がいて、たいていは連れ立つチームになる（『西遊記』の孫悟空たちや桃太郎のキジたちのように）。

②「**困難との遭遇**」旅はなかなか容易には進まない。艱難辛苦が待っていて、その都度クリアーしなければならない。このとき必ず意外な者が助ける。または意外な者（みすぼらしい姿、変な意味の言葉）が助言を与える（ヨーダのように）。

③「**目的の察知**」自分が探していたものに気がつく。それはひょんなきっかけで知らされる「失ったもの」や「知らなかったもの」である。探していたものは、たいていは「父」であり、「母」であり、「宝物」であり、または「真の敵」である（桃太郎の宝物のように、スーパーマンのクリスタルのように、ダースベイダーの武器のように）。

④「**彼方での闘争**」かくて敵地や遠方の土地での決戦が始まる。そしてきわどいところで勝利や成果をあげる。彼方での闘争は勝手がわからないという特性がある。それをクリアーしたとき、ついに求めていた目的と出会う。そして、それが意外な真実の

打ち明けにつながる（ダースベイダーが実は父だったように）。

⑤**「彼方からの帰還」** その地で勝利や成果を収めた主人公は必ずその地にとどまることを勧められる。が、それをふりきって帰還する。これが『スター・ウォーズ』の「リターン」にあたる。オデュッセイアにもイザナギにも浦島太郎にも、この「リターン」がある。そして帰還を応援したために犠牲になる者も出る。

だいたい、こういうふうになっている。『スター・ウォーズ』三部作を思い出してもらえば、ほぼぴったりと構造があてはまっていることがわかるとおもう。が、これは『スター・ウォーズ』だけではなく、すべてのルーカス・フィルムの作品に共通する物語構造なのである。

のみならず、この構造は世界の英雄伝説の大半にあてはまる。いろいろ思い出してもらうとわかるとおもう。北欧のオーディーン、中東のギルガメッシュ、アラビア文化圏のシンドバッド、中国の三蔵法師、そのほか桃太郎、牛若丸、ニルス、デビー・クロケット、トム・ソーヤなどみんな同じである。詳しくはジョセフ・キャンベルの著作、とくに『千の顔をもつ英雄』か、私の『知の編集工学』を読まれるとよい。いずれにしても、たいていの作品の裏側に、このようなスクリプトやプロットが綿密に構成されているものなのだ。

このような定番の物語のテンプレートを編集工学では「ナラティブ・マザータイプ」とよんでいる。

俳句マスキング・エクササイズ

さて、話が広がってしまったので、ここでもう一度、編集術の細部を感じてもらうことにする。なんといっても編集術はニュアンスやテクスチュア、ようするに「エディトリアル・モード」をつかめるかどうかなのである。

そこで、「てにをは」だけでも編集が動くという実例をお目にかけておく。まず、ごく初歩的なエクササイズ。

【編集稽古】21　次の俳句の中の「に」「へ」「を」によって、俳句の情景がどのようにちがってくるか、説明してみてほしい。

手を洗う前にホタルが二三匹
手を洗う前へホタルが二三匹
手を洗う前をホタルが二三匹

すぐわかるとおもう。鄙びた旅館かどこかの洗面所で前の窓があいているような場面を想像すればいいだろう。そうすると、「前にホタル」のばあいは手を洗っているちょうど前の茂みのどこかにホタルがとまって点滅している光景が見えてくる。「前へ」は手を洗おうとしてふと前を見ると、ちょうど右からか左からか、ホタルが飛んできたのである。さらに「前をホタル」は、主人公のすぐ近くの目の前をホタルがふわっーと飛んでいるにちがいない。

厳密なことはべつとして、だいたいこういうちがいが「に・へ・を」だけでも出ているわけである。前章に新藤兼人が「歩いていく、歩いてくる、歩いている」を区別するのが映画だと言っていることを紹介したが、それと同じだ。

では、もうすこし似たようなエクササイズ。ただし、今度は古典の香りがあるものにしておいた。が、ねらいは古典鑑賞ではなくて、あくまで編集術である。

【編集稽古】22　ここに蕪村の句が並んでいる。欠けた箇所に適切な助詞や助動詞などを入れて、句を止めたり動かしたりしてほしい。いずれも春の句である。原作は巻末に。

遅き日□つもりて遠きむかしかな

春風□阿闍梨の笠□にほひかな
凧《いかのぼり》　きのふの空□ありどころ
鶯《うぐいす》の声遠き日□暮《くれ》にけり
帰る雁田ごとの月□曇る夜□
苗代□色紙□遊ぶかはづかな
二もと□梅□遅速を愛すかな
花□遠く桜□近し吉野川

こういうエクササイズはいくらでもありうる。いろいろ工夫して誰かにつくってもらうとよい。正解が大事なのではなく、なるほどこのようにもなるのかという実感をおこしてほしいのだ。

このように一字を伏せたり、吹き出しを消したりしたように、何かを伏せることを「マスキング」という。マスキングは何が効果的かというと、ふだん漫然と見ているものに注意のカーソルが動いたり、そのことについて集中して考えられるということである。いろいろ試みるとよいだろう。

ずっと以前、桑沢デザイン研究所で写真を教えていたころ、学生たちが「先生、見てください」と撮ってきた写真をもってくると、しばらくしてパッとこれを伏せて「うん、何を撮ったの？」と聞くことにしていた。学生は自分が撮ったものであるにもかかわらず、ほとんどのディテールをおぼえていないのである。見るとは、二度以上見ることである、このマルセル・デュシャンの言葉を忘れないでほしい。

速読術に王道はあるか

だいたい見当がついたとおもうが、ともかく「柔らかい編集」をこころがけることである。ゆめゆめ正解を求めるものではないし、最初からオリジナリティを発揮しようなどとはおもわないことだ。

では、ここからはいろいろ応用篇をたのしんでもらうことにしよう。すこしだけ複雑になってくる。まず、読書術を兼ねたエクササイズから。

【編集稽古】23　ここに、ある本の目次が掲げてある。これを見て、この本の内容を想定してほしい。

なかなかおもしろそうな本だったろう。

この本は板坂元の『日本人の論理構造』である。本書と同じ現代新書シリーズの一冊だ。タイトルからはすぐには中身が想像できないという例でもあるが、それよりも目次がはたしている役割の大きさに驚いたとおもう。おそらくこの本に関しては著者がこのような構成立てをしたのであろう。たいへんに興味をそそられる。

すでに前章に「目次読書法」についてふれておいたので、このエクササイズの狙いはわかるとおもう。要約編集術と連想編集術の両方も兼ねている。ただし、この目次から内容を想像できる人はよほど想像力が豊かか、著者の別の本を読んだことがあるか、あるいは日本学に詳しい人である。なかなかうまく想像できなかったとおもう。できればこの本を入手して、どんな内容なのかを確かめてみるとよい。それはそれでまた、大きな収穫があるだろう。


ところで、世の中にはしばしば「速読術」めいたものが出回っているが、私はあまりお薦めしない。

私もかなりのスピードで読書をするので、ときどきその手のノウハウ本を読んでみるが、一部をのぞいてほとんどノウハウにならないようなことばかりが書いてある。なかで、まだしもましなのは具体的に長めの文章が載せてあって、これをいろいろ算段して読むようになっているものだが、それも結局は何度も集中した読みかたをしていれば、だんだん速くなるという原則にもとづいている。

よく「斜め読み」という。これもべつだん特殊なことではなく、朝、新聞を走り読みして学校へ行ったり会社に行く経験を誰もがしたことがあるとおもうが、だいたいはあの感じで読めばいい。そのとき、どういうことがおこなわれているかというと、キーワードとおぼしい箇所をすばやく拾っている。だから「斜め読み」とは「キーワード読書法」なのである。そのキーワード拾いに慣れるには、実際に鉛筆やボールペンをもって、一冊の本をアタマからどんどんめくりながら、自分でこれはキーワードだなとおもう言葉を囲んでいくとよい。だいたいできたところで、その本をまたパラパラ眺めなおす。そうすると、キーワードがすぐに目にとびこんでくるだけではなく、前後の言葉や章句も目に入る。その程度の感じで読んでいくのである。これを発展させれば、前章で紹介した「マーキング読書法」になる。

もっと楽な速読術は、中見出しを拾っていくことだ（見出し読書法）。中見出しというのは文中に適当な段落のたびに出てくるもので、本によってはかなりていねいにつくられている。場合によっては著者ではなく、担当編集者が工夫をしてつけているので、だいたい筋を追えるようになっている。ようするに要約法が生きている。だから、そこに目の焦点をおきつつ、その段落ごとに中見出しに関連する関係章句を追えば、けっこう内容が伝わってくるものなのだ。

また、これは必ずしも薦めはしないが、私がよくやっている読み方のひとつに「同時読書法」がある。何冊もの本を一挙に読んでしまう方法で、そういうとたいへんだろうとおもうかもしれないが、これは案外誰にでもできる。なぜなら、釣りに詳しい人が釣り関係の本を読むのは速いはずであり（だいたいのキーワードはわかっているから）、そうであれば、何冊もの釣りの関連図書をほぼ同時にかなりすばやく見たほうが、かえってその内容の「地」と「図」が浮かび上がってきやすい。したがって、この読みかたは「類書読書法」ともいって、うまく自分にとっての類書を選んで読むことがコツになる。

もうひとつ、速読術に関して言っておきたいことがある。ほんとうに読みたいとおもう本を速読しようなどとはおもわないこと（とくに読みたい小説を速読してもつまらないということ）、また、中身への冒険をしたいとおもうことが速読をつくるということ、そして、速読術には王道はない、ということだ。

情報を推理してみる

そもそも人が未知の情報に出会ったときに、いったい何をしようとしているかということを覗いてみると、「単語の目録」と「イメージの辞書」と「ルールの群」をつかって推理のスタートをきっている。

たとえば、野球を知らない人にとって、野球でつかわれている「三振」「盗塁」「ファウル」などといった言葉は「単語の目録」にあたる。野球場がどんなところで、スコアボードがどういうものか、ピッチャーやバッターのユニフォームやベンチのことなどは、テレビを見ているとわかる。これは「イメージの辞書」に情報が入ってきたせいだ。しかし、ファウルチップを捕るとアウトになるとか、フォースアウトがあるとか、監督が二度以上マウンドに行くとピッチャーを交代させなければならないといったことは、「ルールの群」によってしかわからない。

未知の情報というものはブラックボックスのようなものだから、その形、それがおかれている位置、その模様、ともかくいろいろなことを手がかりに推理をはたらかせるしかないものなのだ。ようするにさまざまな手がかりに総動員がかかっていく。

しかし、そのしくみをよく見てみると、その動員は、大きくは「単語の目録」「イメージの辞書」「ルールの群」というふうに分かれて動員がかかっていると考えられる。【編集稽古】23の目次を見て考えをめぐらしているときに、おそらくそのようなことがおこっていたはずだ。

そのときにおこっていることをちょっと解剖してみると、次のようになっていることがわかる。

まず自分がもちあわせている「単語の目録」を持ち出している。これは自分がもっている単語集のことで、いわゆるボキャブラリーであるが、そのボキャブラリーのレベルにあわせて目録をすばやく点検することになる。ついで、その未知の情報がわずかに提供してくれる情報の様子をとらえて自分のアタマの中の「イメージの辞書」を繰り、そのイメージにあうものを検索しているということがおこる。それでも未知の情報の正体が見えてこないときは、その情報が記述されている構造に入りこみ、そこになんらかの約束事を見出して、これをヒントにしようとしている。これは「ルールの群」にあたって推理をしていることになる。

すべてがこのような順序になっているとはかぎらないが、平均すれば、だいたいこのようなことがおこっているはずなのである。そして、それこそが編集プロセスのひとつの軌跡になっている。

編集稽古ではこのような自分がたどった思考の軌跡を自分で覗きこめるかどうか、ようするに自分でしていることを自分で実況放送できるかどうか、そこがとても大事なポイントになる。

次のエクササイズで、自分がどのように推理をしつつあるのか、また、そのとき「単語の目録」「イメージの辞書」「ルールの群」が実際にどのように動員されているのか、自分自身を覗きこんでみてほしい。

【編集稽古】24 次の人名事典および用語事典の記述を読みながら、この記述が誰のこと、あるいは何のことを説明しようとしているのか、あててほしい。そのとき、自分がどのように推理をはたらかせたのか、それを観察してみること。

文化服装学院デザイン科卒業後、69年青山にブティックを開設。70年には大阪万博においてペプシコーラ館、タカラ館、生活産業館のユニフォームデザインを担当し、そのデザインコンセプトが広く社会に知られる。77年よりパリコレクションに参加。日本の伝統的な美意識を、西洋の衣服のコンセプトに深く取り入れ、エキゾティックで鮮やかな印象の配色、ダイナミックにしてシンプルな「粋」のフォルムをもつ独自のコレクションを生み出す。またファッションを核として衣食住を総合的にとらえた活動も注目される。陶磁器、漆器、アクセサリー、バッグ、小物、寝装具、和装着物、腕時計、さらには「芸術と機能の接近」をテーマに、フランスで家具のデザイン活動も展開して……（後略）。（生駒良子）

調和と均整を特徴とした閉鎖的形式をもつルネッサンス芸術に対して、十七世紀の芸術はこの調和を打ち破り、均斉をくずし、閉鎖から開放へと向かった。ルネッサンス絵画の鋭い輪郭は光と影の手法によって不明瞭にぼかされて、面と奥行きが強調されるようになる。建築様式をみても、ルネッサンス期の直線的輪郭が徐々に曲線にとって代わられる。芸術に限らず、学問、政治、宗教においても、それ以前の体制が覆されてゆく。哲学に関してこの転覆および再構築を行った第一人者はデカルトであろう。彼による地ならしを基盤に新しく体系を築いたのがスピノザとライプニッツであった。彼らに共通しているのは……（後略）。（橋本由美子）

どのくらい読み進んだところで、ここに記述されている人名あるいは用語が浮かんだだろうか。

クイズではないので、正解にはやくたどりついたからいいというわけではなく、いったい何によって推理が進んだか（何を思い浮かべたか）、その軌跡のプロセスを覗くことを重視してほしい。自分が知っている知識や情報が、どの言葉で開示されたのか、なぜ目標に近づけなかったのか、そのプロセスを見ることが目的だ。

ある程度の知識をもっていると、このような事典的記述が不満になったりもする。しかし編集術の観点からいうと、そのような〝批評〟をしたくなることが大事なのではない。あくまで自分がもちあわせている「単語の目録」「イメージの辞書」「ルールの群」がアタマの中でどのように進行しているか、そこを見る。

ちなみにエクササイズの〝原作〟は、前者は『現代アーティスト名鑑』（美術出版社）のコシノジュンコの項目から、後者は『20世紀思想事典』（三省堂）のバロック哲学の項目からの引用である。

記号上手はノート上手

情報を編集するには、いくつもの見方を変える機能をもつことが必要であるが、それとともに情報をすばやく適材適所に格納し、それらの特徴を仮に表示しておく機能も必要になる。これを私は「仮留め」とよんでいる。

一般に、情報を仮留めしておく必要に迫られるのはノートをとるときであろう。私の見るところ、日本人はこのノートのとりかたがそうとうヘタだ。学生のノートを見ても、だいたいが似ている。欧米の研究者や学生は、ノートのとりかたがうまい。よく工夫もしている。これではノートのとりかた（ノーテーション）を教えたほうがはやいとおもうほどである。そこですこしでもノーテーションがおもしろくなるためのヒントを提供しておきたいとおもう。

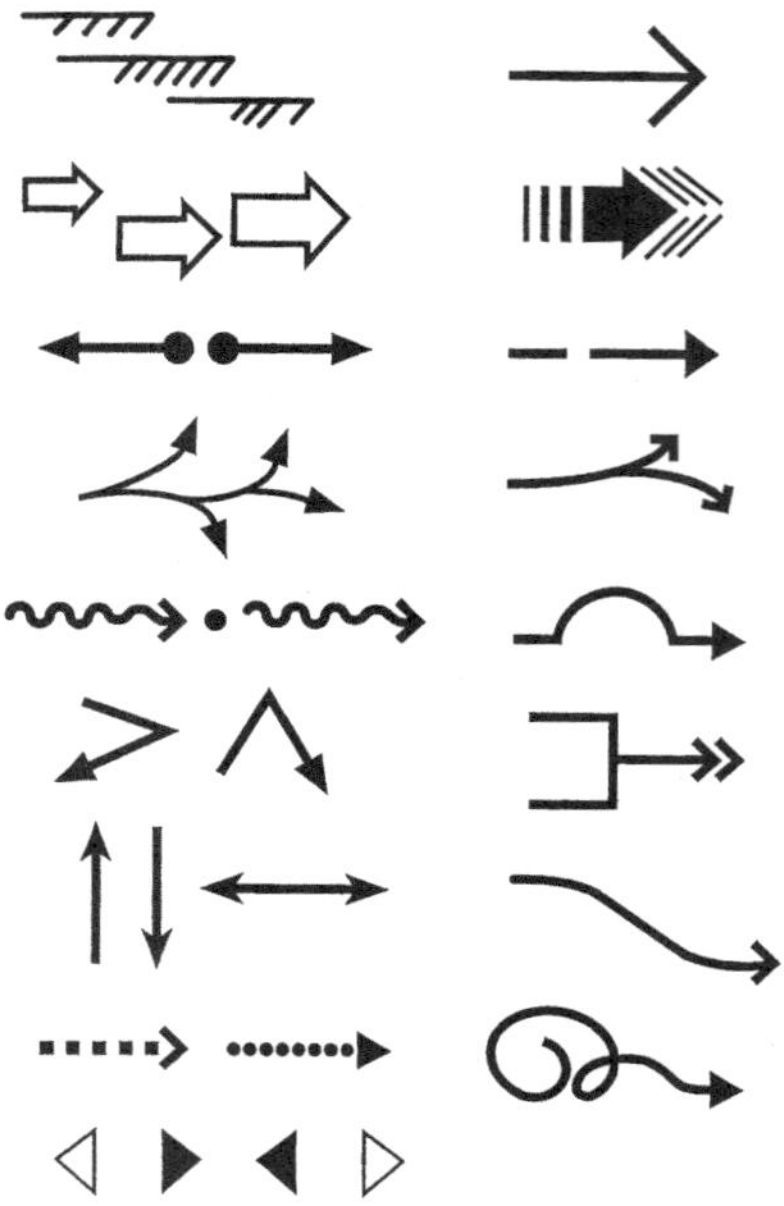

04 さまざまな矢印

【編集稽古】25　ここにいくつかの矢印の表情がピックアップされている（図04）。まず、これらの矢印がどのような情報の動向にふさわしい表示のしかたかを考え、ついで、自分なりの矢印を作成してほしい。そして適当なテキストを選び、自分がつくった矢印によってその内容をノートしてほしい。

このエクササイズは矢印に代表される「知の略号」に関するもので、バウハウスでパウル・クレーらがかなり研究していたものである。実際には矢印だけではなく、アイテムの並べかた、アイテムの囲みかた、相互関連性の示しかた、構造図の示しかた、系統樹のつくりかたなど、いろいろの表示の工夫が必要になる。図05にいくつかの代表的なダイヤグラムの図示・表示の例をあげておいたので、参考にしてほしい。

編集工学では、このような「知の記号」をふくめたノーテーションにあたるツール類を「エディトリアル・ギア」とよんでいる。エディトリアル・ギアはノートをとるときだけでなく、当然、パソコンに入力するときにも役に立つ。現在のパソコン・ソフトにはまったくそういうものが入っていないので、ここは各自がそれぞれ工夫するしかない。ここでは紹介しないが、数学や記号論理学などで使用されている各種の記号を活用するのも有効であろう。

①

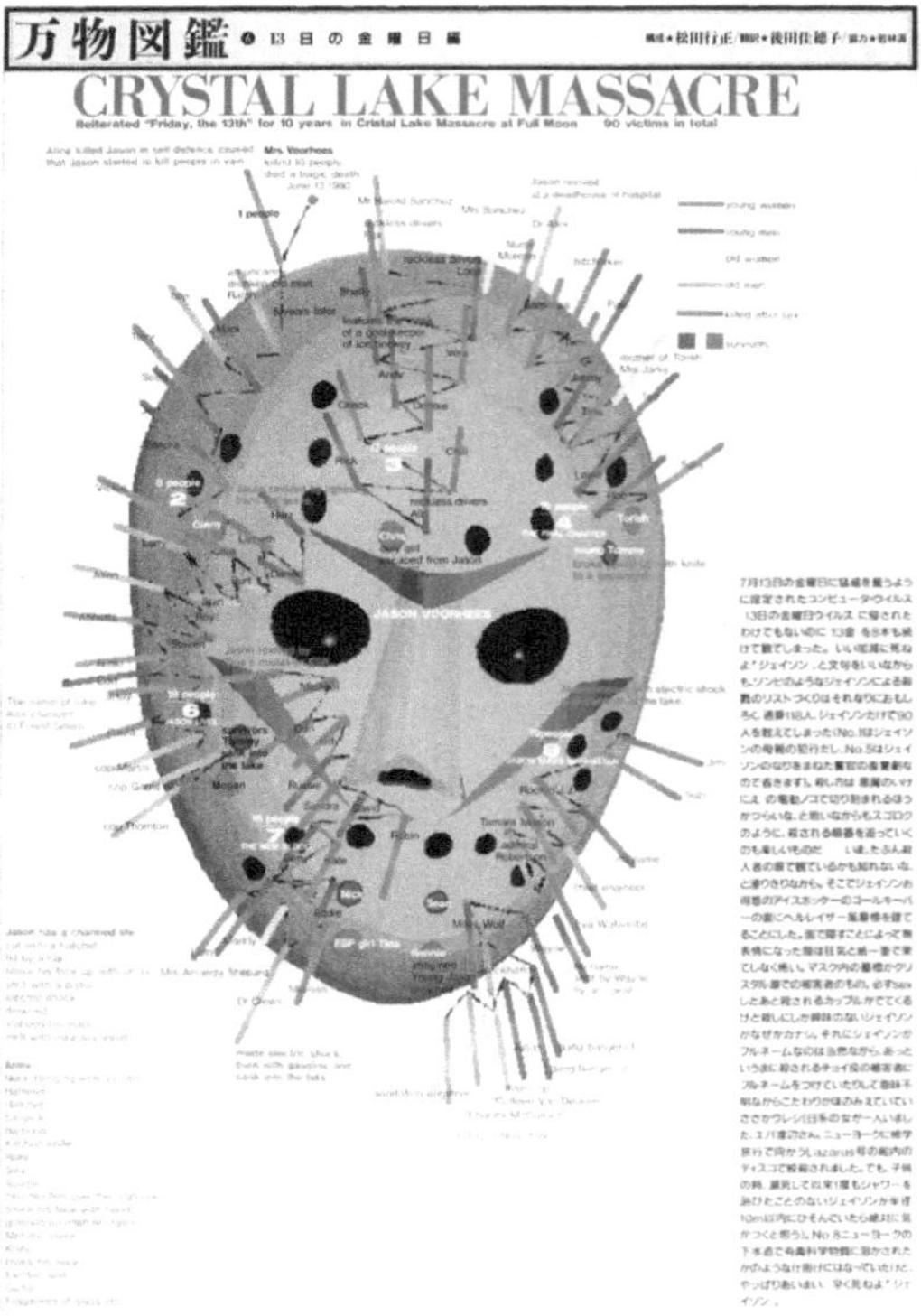

05「ダイアグラム　コレクション」（ピエ・ブックス）より
①松田行正・デザイン／PFU社のプロモーション用パンフレット「万物図鑑」より、映画「13日の金曜日」の犠牲者たちの状況をグラフィックで表現したチャート。
②太田徹也・デザイン／日本電気硝子社のハイテクガラス製品の系統樹。
③村上光延・デザイン／月刊誌「マックライフ」より、マッキントッシュ・コンピューターのソフト系統図。

②

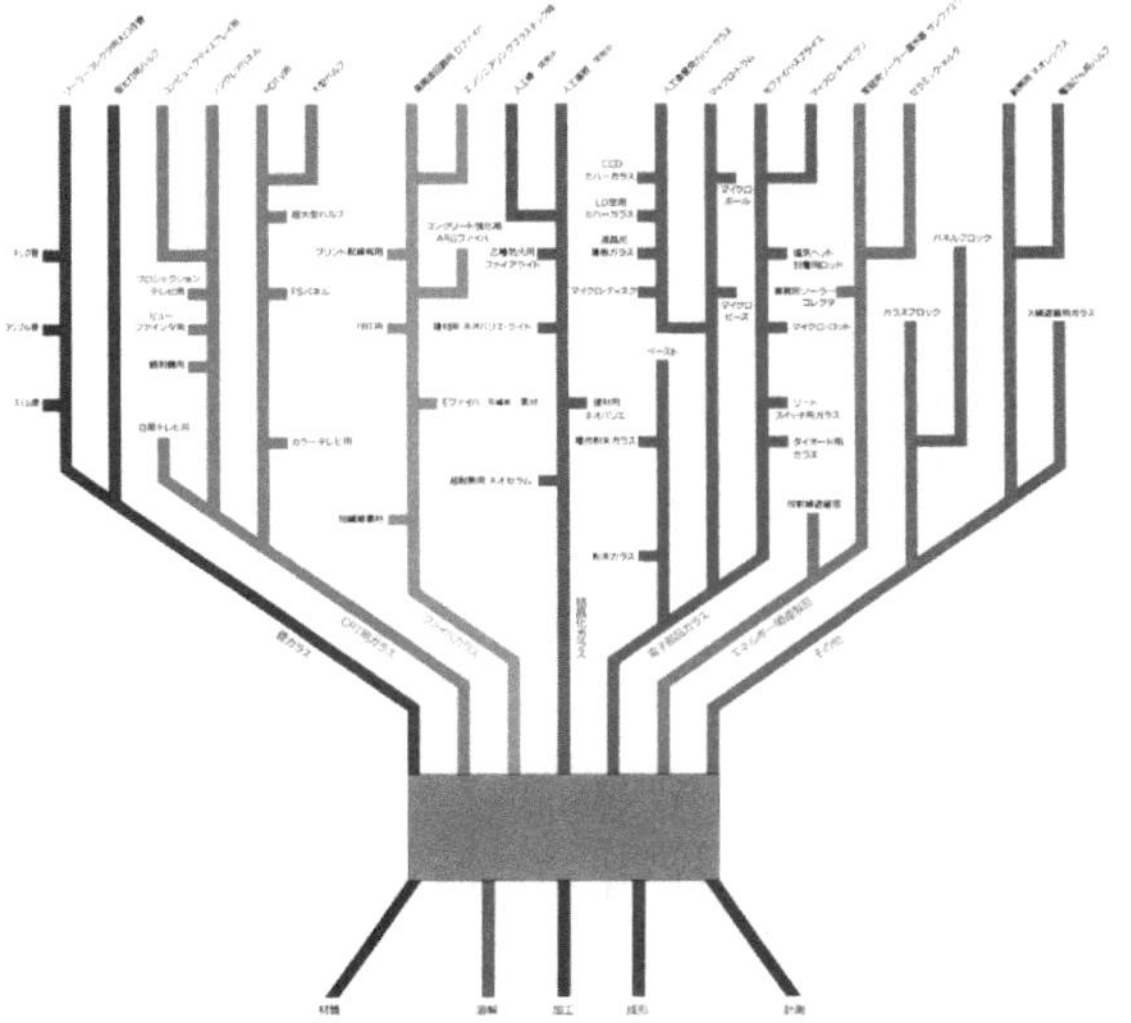

③

Post Script
Draw
Paint&Draw
Color Paint
Gray Scale
Black&White Paint
Animation
3D
CAD
PAINT

以上の刺激をぞんぶんに浴びたうえで、次のようなエクササイズに挑戦してみるとよいだろう。何を言葉で表示し、何を記号にするかは各自の判断でよいが、ずっとのちまで使えるものにするのが望ましい。ただし、かなり難しい。

【編集稽古】26　次の二つのテキストを〝言語・記号・図解まじり〟の一枚のノーテーションにしてみる。どんな「知の記号」をつかってもかまわないが、ノーテーション終了後に、他人にこれを見せて説明をしてみること。

女給の君江は午後三時から其日は銀座通りのカツフエーへ出ればよいので、市ケ谷本村町の貸間からぶらぶら堀端を歩み見附外から乗つた乗合自動車を日比谷で下りた。そして鉄道線路のガードを前にして、場末の町へでも行つたやうな飲食店の旗ばかりが目につく横町へ曲り、貸事務所の硝子窓に周易判断金亀堂といふ金文字を掲げた売卜者《うらない》をたづねた。

去年の暮あたりから、君江は再三気味のわるい事に出遇つてゐたからである。同じカツフエーの女給二三人と歌舞伎座へ行つた帰り、シールのコートから揃ひの大島の羽織と小袖から長襦袢まで通して袂の先を切られたのが始まりで、その次には真珠入りの本鼈甲のさし櫛をどこで抜かれたのか、知らぬ間に抜かれてゐたことがある。掏摸の仕業だと思へばそれまでの事であるが、又どうやら意趣ある者の悪戯ではないかといふ気がしたのは、其後猫の子の死んだのが貸間の押入に投入れてあつた事である。

（永井荷風『つゆのあとさき』冒頭より）

たっぷり昼食を食べた。半熟卵を二つにフライドポテトと豆を食べた。私は豆が好きだ。でも豆は乾いている。乾いた豆はきらいだ。なかに生命がない。スイスは病んでいる。全体が山の中にあるからだ。スイスの人間は乾いている。生命がないからだ。私の雇っている家政婦は乾いているので、感じない。彼女はよく考えに耽っている。長いことよそで働き、そこで干からびてしまったのだ。私はチューリッヒがきらいだ。乾いていて、工場がたくさんあって、そのためにビジネスマンが大勢いるから。私は乾いた人間がきらいだ。だからビジネスマンはきらいだ。

家政婦は私の妻と従姉とキラと赤十字の看護婦に昼食をだした。看護婦は十字架をつけているが、その意味を理解していない。十字架はキリストが背負ったものだ。キリストは大きな十字架を背負ったが、看護婦が帽子のリボンにつけているのは小さな十字架だ。

（ワッラフ・ニジンスキー『手記』冒頭より・鈴木晶訳）

地図をつかったり、事件の推移をダイヤグラムにしようとしたり、内面の気持ちの変化のためのインディケーター（表示記号）をつくろうとしたり、いろいろ考えられるとおもう。むろん、右の例のような難題ではなく、ごくふつうの新聞記事やレポートなどをテキストにして試みてもよいだろう。

手話にひそむ編集力

さて、そろそろこの編集術入門もおわりに近づいてきた。もっともっと紹介しておきたかった〝秘術〟もあるけれど、本書では基本的な考えかたを伝えるのが目的だったので、それに徹することになった。

ただ最後に、編集術というものがすでにいろいろな分野や場面で深化しているにもかかわらず、それをわれわれが十分に知っていなかったり、応用できていなかったりしていることを、すこしのべておきたいとおもう。いくつかのラスト・エクササイズを通して、その事情の一端を知ってもらうことにする。

【編集稽古】27 手話というコミュニケーションのための方法がある。次の言葉の内容を伝えるのに、日本の手話ではどのような手の動きをするか、手話をする身になって、いろいろな想像をしてみてほしい（図06）。「思い出す」（図A）、「大名」（図B）、「モットー」（図C）、「祝う」（図D）、「辛い」（図E）、「郵便」（図F）。

どんな手話ができただろうか。

〝原作〟を見るとわかったとおもうが、ここにはいろいろな編集術が生きている。「思い出す」「モットー」などはまさに認知科学をジェスチャー化したようなものだし、「祝う」は桜が満開になると華やぐ国でつくられた手話であることをよく示しているし、「郵便」はいったん記号化された〒マークをさらに手話に再記号化しているというふうになっている。また「辛い」は感覚的な記号性をたくみに視覚化し、「大名」ではチョビ髭を示すという類型性でカリカチュアライズの特徴を出している。

すべてコミュニケーションの本来をおもいおこさせる編集術だというべきであろう。なお、これらは『新・手話辞典』（中央法規出版）にもとづいたもので、必ずしも全国共通というわけではない。

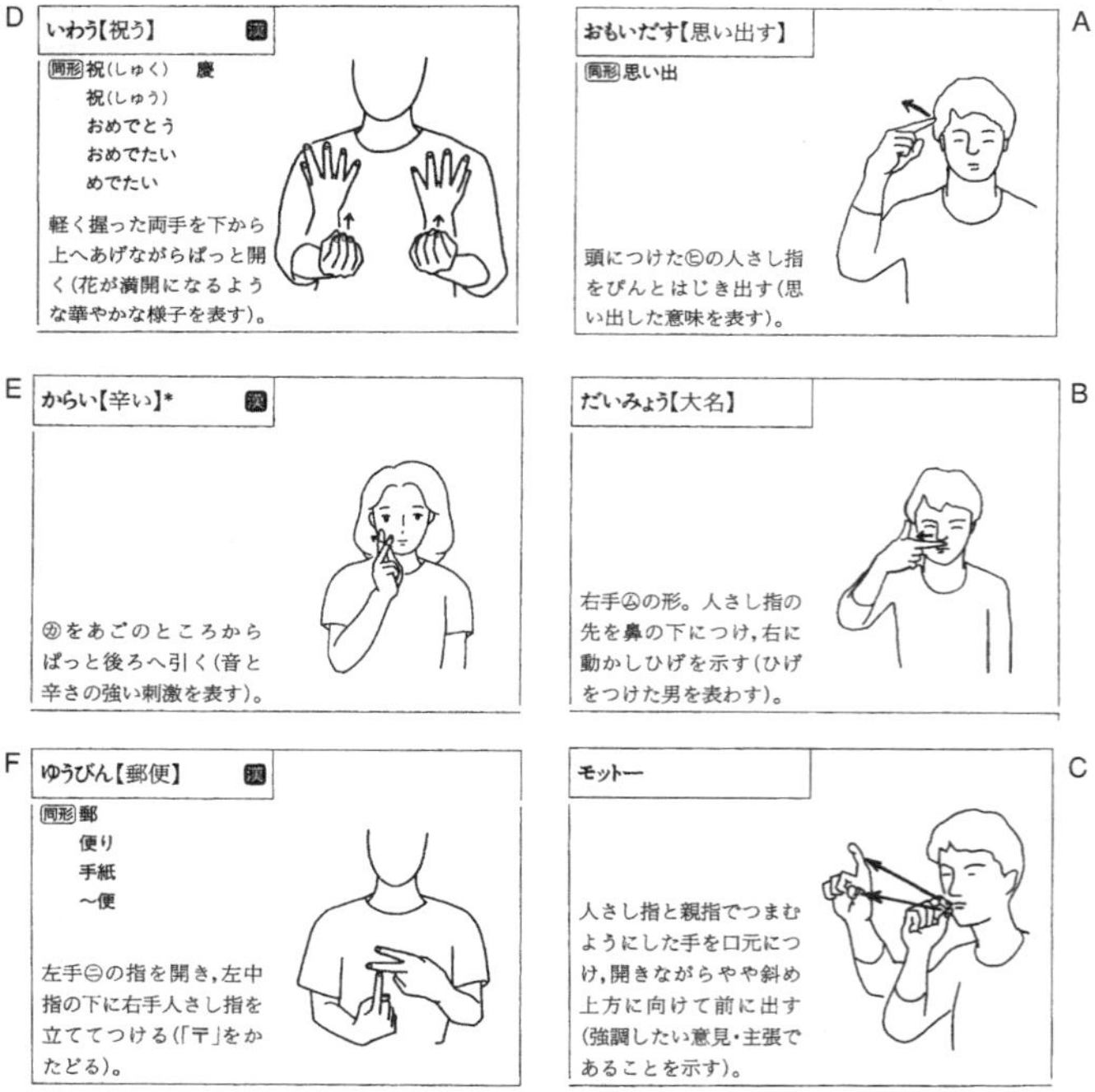
D
いわう【祝う】 漢

同形 祝(しゅく) 慶
祝(しゅう)
おめでとう
おめでたい
めでたい

軽く握った両手を下から上へあげながらぱっと開く(花が満開になるような華やかな様子を表す)。

A
おもいだす【思い出す】

同形 思い出

頭につけた㋪の人さし指をぴんとはじき出す(思い出した意味を表す)。

E
からい【辛い】* 漢

㋕をあごのところからぱっと後ろへ引く(音と辛さの強い刺激を表す)。

B
だいみょう【大名】

右手㋰の形。人さし指の先を鼻の下につけ,右に動かしひげを示す(ひげをつけた男を表わす)。

F
ゆうびん【郵便】 漢

同形 郵
便り
手紙
〜便

左手㋥の指を開き,左中指の下に右手人さし指を立ててつける(「〒」をかたどる)。

C
モットー

人さし指と親指でつまむようにした手を口元につけ,開きながらやや斜め上方に向けて前に出す(強調したい意見・主張であることを示す)。

06 『新・手話辞典』(中央法規出版)より

【編集稽古】28　ピクトグラムという分野がある。トイレのマークや交通標識のたぐいの絵文字をさすが、この分野でもさまざまな冒険的な試みがされてきた。次に掲げるのはチャールズ・ブリスが開発した「セマントグラフィ」（図07）という絵文字である。これらがどんな意味をもっているか想定してほしい。4が「開く」、5が「閉じる」、6が「扉」を、45「太陽」、46「朝」である。これをヒントに考えてみてほしい。

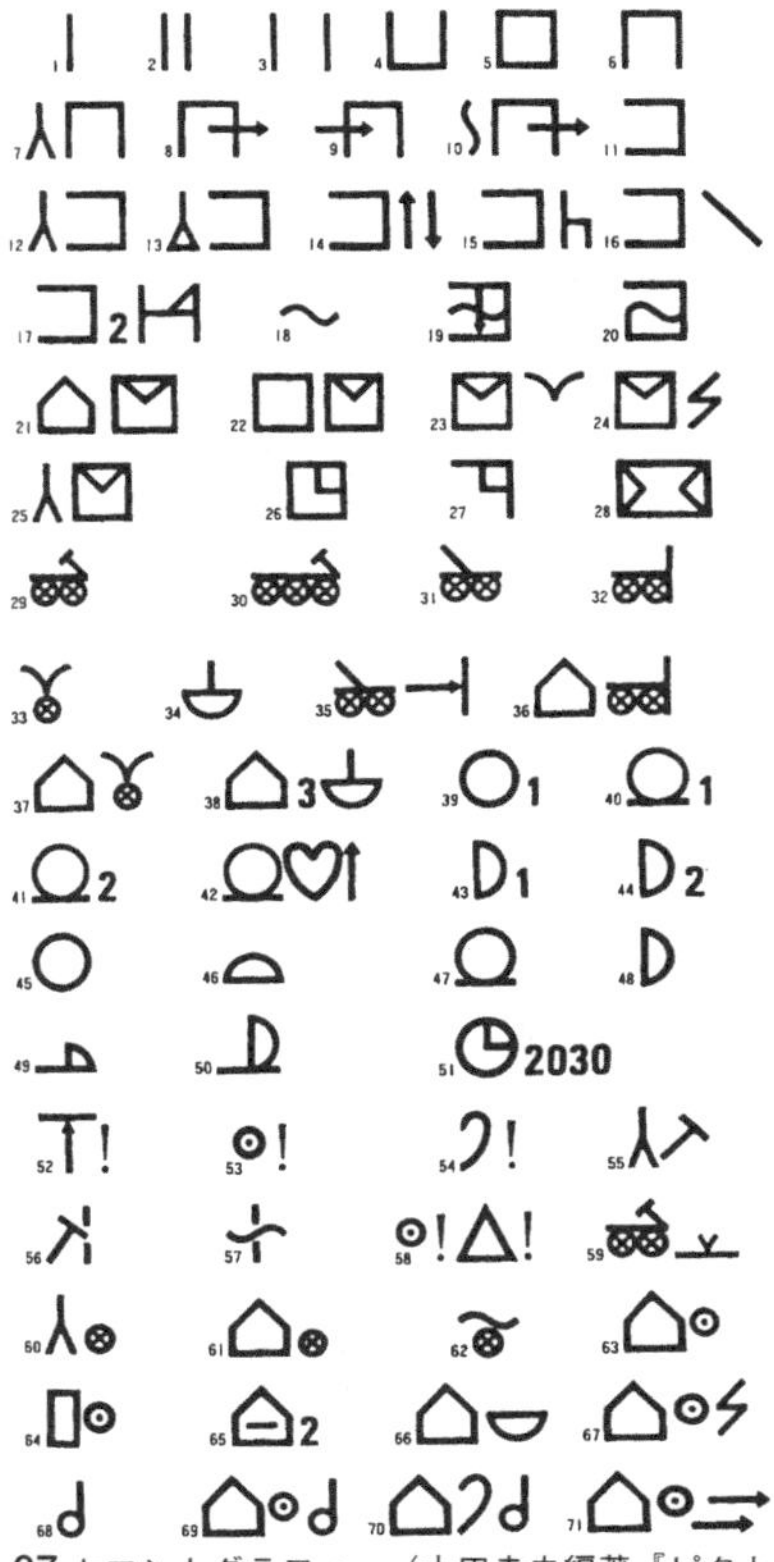
07 セマントグラフィー（太田幸夫編著『ピクトグラム〔絵文字〕デザイン』／柏書房より）

このセマントグラフィによって試みに文章を書く（描く）と、図08のようになる。日本でも太田幸夫さんが独自に開発した「ロコス」（図09）という絵文字システムが、いまなお改良されて増殖しつつある。

こうした絵文字の開発はインターネットの発達とパソコン入力による学習や日常活動が肥大化するにつれ、きっと大きな需要をもちはじめるとおもう。私もひそかに「図文」という構想をもっている。

こうした試みには、言葉にかぎらない方法で「意味」を伝えあいたいという希求がこもっている。ふりかえってみれば、われわれは幼児のころはほとんど言葉を知らなかったのだ。そして、お母さんにむかって声を出し、手を動かし、足をバタバタさせていただけだった。そのころにもし、言葉とともに別のコミュニケーションを教えられていたら、われわれもずいぶん変わったコミュニケーション・システムをもつことになったであろう。

しかし、二十一世紀はいつかそういうことがおこるかもしれない。現在のところは、まだまだ幼児用コンピュータはちょっとしたものができたばかりであるが、これが一挙におもしろいものにならないともかぎらない。そのときは、二十一世紀後半の幼児や児童たちが新たなコミュニケーション・ツールを身体化しているやもしれない。そういう可能性はまったくないとはいえないのである。

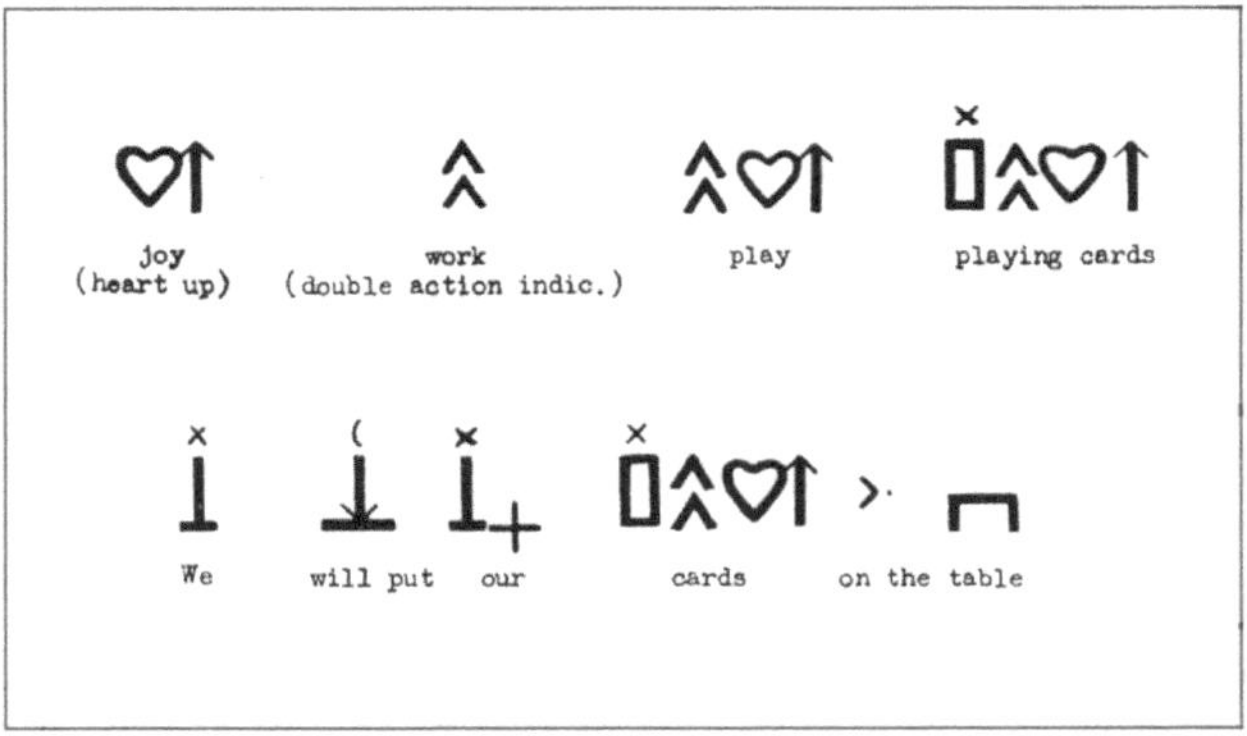

08 セマントグラフィーによる文章例

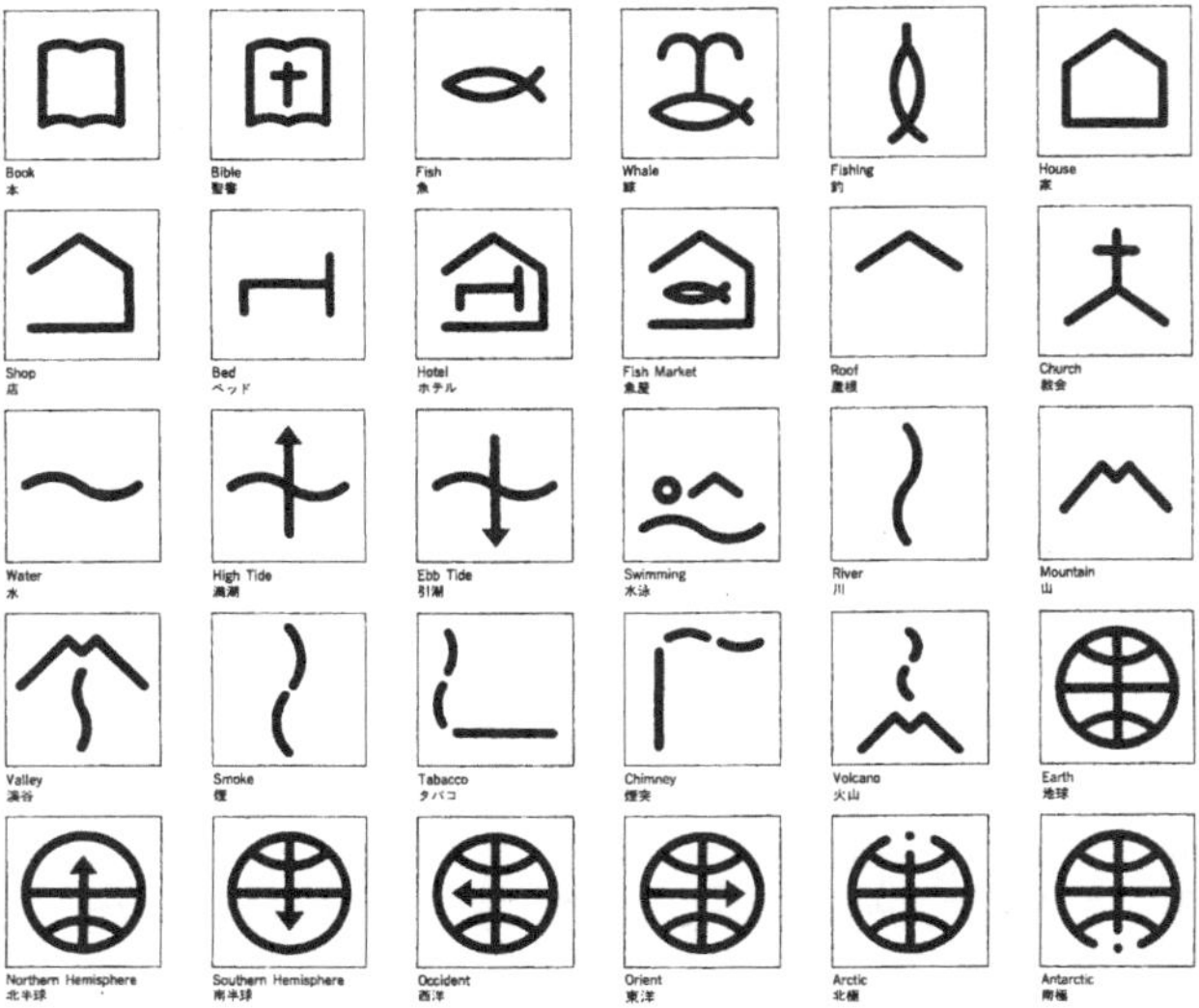

09 ロコス（08、09ともに『ピクトグラム〔絵文字〕デザイン』より）

これからの編集文化

われわれが言葉を中心にコミュニケーションしているのは事実であるが、言葉だけがコミュニケーションだとおもうのはよくない。

すでに古代ローマ時代から速記術が発達していたのだし（キケロは速記術に強い興味をもっていた）、その後も腕木式の信号が生まれ、さらに手旗信号やモールス通信などの方法も発達してきたのである。それだけではない。よく考えてみれば図形や数学も、絵画や音楽も、また衣裳や髪形だってコミュニケーションの方法であり、大胆きわまりない編集術だったのだ。もっと根源的なことをいえば、呪術的な護符や身振りを強調した舞踊などもコミュニケーション・ツールだったのである。

われわれがこのようなコミュニケーションの方法を、広範な情報編集術の一環としてとらえられなくなっているのは不幸なことである。

私は、本書ではほとんどのべられなかったけれど、たとえば機械システムの部品の名称と特徴をおぼえることや、コンピュータ・システムの細かい用語を理解できることも、堂々としたコミュニケーションであるとおもっている。虫の名前や駅の名前をおぼえることもいい。これらの一事はどこかで万事につながるはずなのである。

ところが、こういうことを「知の編集術」として活用したり応用したりする展望が足りない。一事が万事になってこないのだ。とくに日本には欠けている。そこが残念なのだ。いま、文部省では二〇〇二年からの教育ビッグバンにむけて「総合学習」や「関係学習」の奨励をしているが、それには一事が万事につながるための「学習と編集のあいだ」を埋める必要がある。

「学習と編集のあいだ」を埋めるには、もう一度、遊びの中に学習も編集もあるということを確認するのがいい。そして、どんなことにもどんなものにも「しくみ」というものがあって、その「しくみ」に入っていくこと、またそこから出たら、それをなんとか応用することと、そのことに価値があるとおもえるようにすることである。そうすれば、一事が万事になり、学習も編集的な興奮をつねにともなうことになるだろう。そのような編集の冒険を、もっと見えるようにするには、どうすればよいのだろうか。

最近、私と仲間たちは「編集の国」というものをコンピュータ・ネットワークの中につくる準備をしている。「国」といってもヴァーチャルなスペースがそこにあるだけで、誰でも入植者になれるし、誰でもがそこで編集ができるという編集実験農場のようなものである。「国」の名前はＩＳＩＳという（図10）。イシスと読む。エジプト神話のオシリスとイシスから採った。けれども、〝ｉｓ・ｉｓ〟などと読んで、〝ｂｅ動詞の村〟だというふうにお

ISIS

INTERACTIVE SYSTEM OF INTER SCORES

http://www.isis.ne.jp

10 イシス

もってもらってもよい。そのくらい自由な編集をたのしむ電子実験国である。

そのＩＳＩＳで、編集遊びを徹底的にしてもらえるようにしたいとおもっている。そのための電子文房具もだいたい開発できた。第一章で文化遺伝子ミームの話をしたが、その電子文房具は「ミーム・カード」（図11）という電子編集カードの上でさまざまな仕様でつかえるようになっている。裏返しもできる。また、いくつかのトリガーも埋めこまれている。それをつかって、ユーザーは電子投稿をする。投稿のための「お店」も「お題」もいろいろ用意されている。編集稽古をするための「道場」もある。また、それらの評判を記録することもできる。

このような「編集の国」を〝開国〟する気

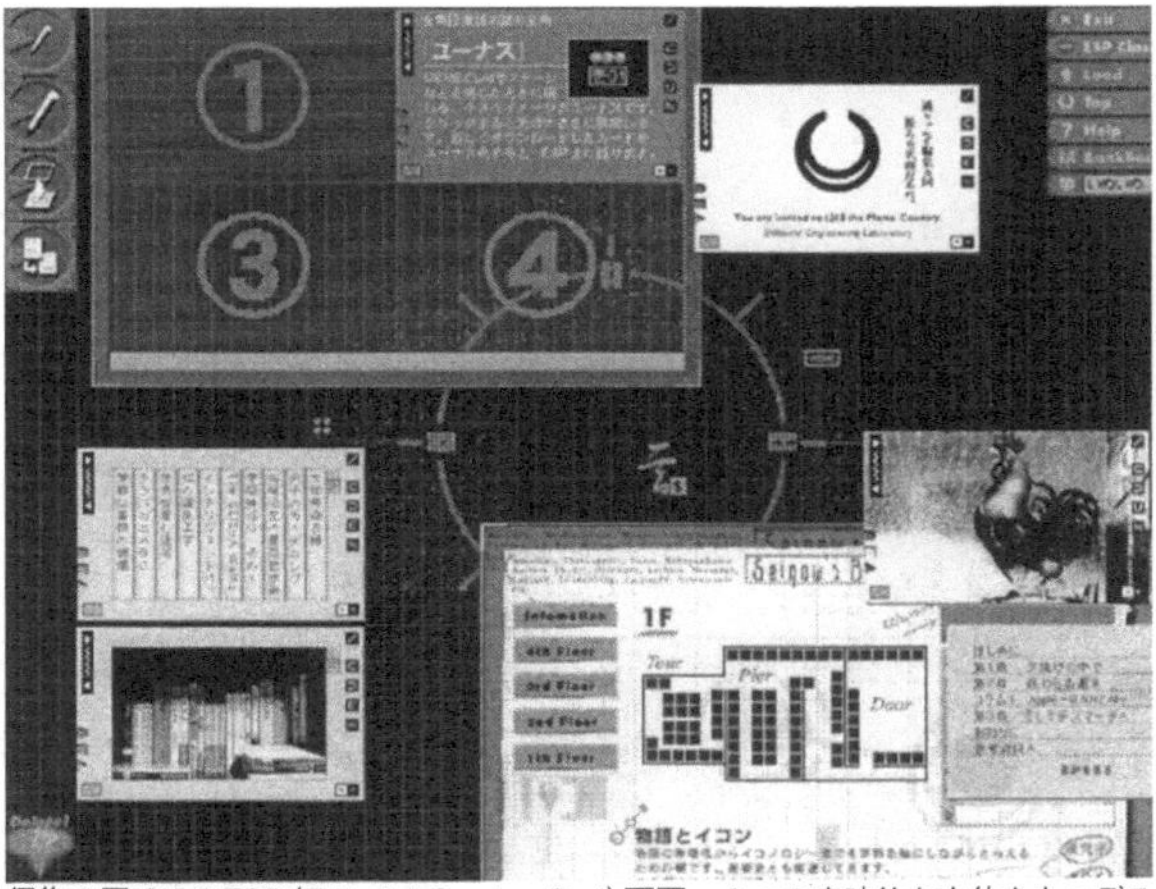

編集の国ISISのESP（Editorial Scoring Pad）画面。8つの意味的な方位をもつデスクトップに、編集機能をもったMEMECard（ミーム・カード）と各種ツール群が並ぶ。

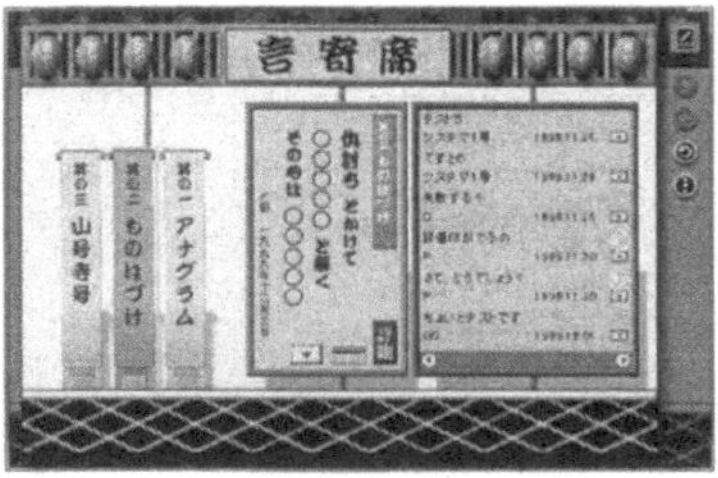

すべての情報はカード単位に分節され、編集の履歴や評価、カード相互のリンク情報などを持ったまま流通する。右は編集ゲームの場のひとつ。

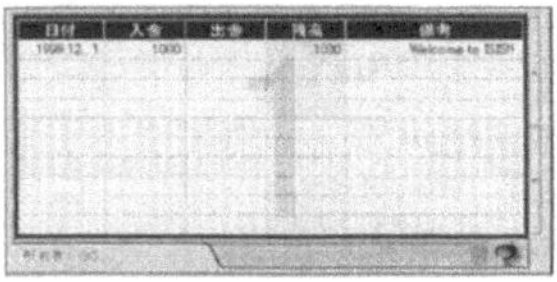

ISIS上の仮想の編集通貨MEMEの収支をあらわす通帳。貯まったMEMEは持ち主の編集力を示すスコアにもなる。ただし、貯めればいいとはかぎらない。

11 ミーム・カード

になったのは、ファミコンやカラオケやプリクラこのかた、あるいはコミケ（コミック・マーケット）やコスプレ（コスチューム・プレー）このかた、街にはゲーム的なコミュニケーションがどんどん溢れているのに、そのぶん学習がどんどん停滞しているからである。二つはほんとうは同質で同根のものであるはずなのだ。

そこで、遊んでいるのか、学んでいるのか、その境界線が重なって振動しつづけているようなネットワーク上のヴァーチャル・メディア・カントリーを用意してみる気になったのである。そのことを考えているうちに「編集の国」になってきたわけだった。まさに、本書の内容のような、その内容が動きまわっているスペースなのである。憲法は、ない。ただ、次の方向だけが告示されている。

1・編集は遊びから生まれる
2・編集は対話から生まれる
3・編集は不足から生まれる

1・編集は照合である
2・編集は連想である

3・編集は冒険である

また、二〇〇〇年六月からは「ＩＳＩＳ編集学校」を併設開校した。ネットワークを介して編集稽古ができる。覗いてみられたい。

ところで「編集の国ＩＳＩＳ」は、"Interactive System of Inter Scores" という長ったらしい正式名称をもっている。つまり「相互記譜型編集交換システム」というものなのである。記譜、すなわちスコアリングやノーテーションの冒険をお互いにしてみようという目的ももっているわけなのだ。

そこで最後に、純和風のスコアリングやノーテーションの例をお目にかけておこうとおもう。これらは三味線や箏曲の記譜である（図12）。めくるめくノーテーションであるが、すべて実用である。邦楽ではながいあいだこのような工夫が重ねられてきた。かつてはこのような編集術が江戸や明治の町をかけめぐっていたのである。われわれも、われわれ自身が必要とする編集方法を視覚化していく冒険に旅立つべきなのだろう。

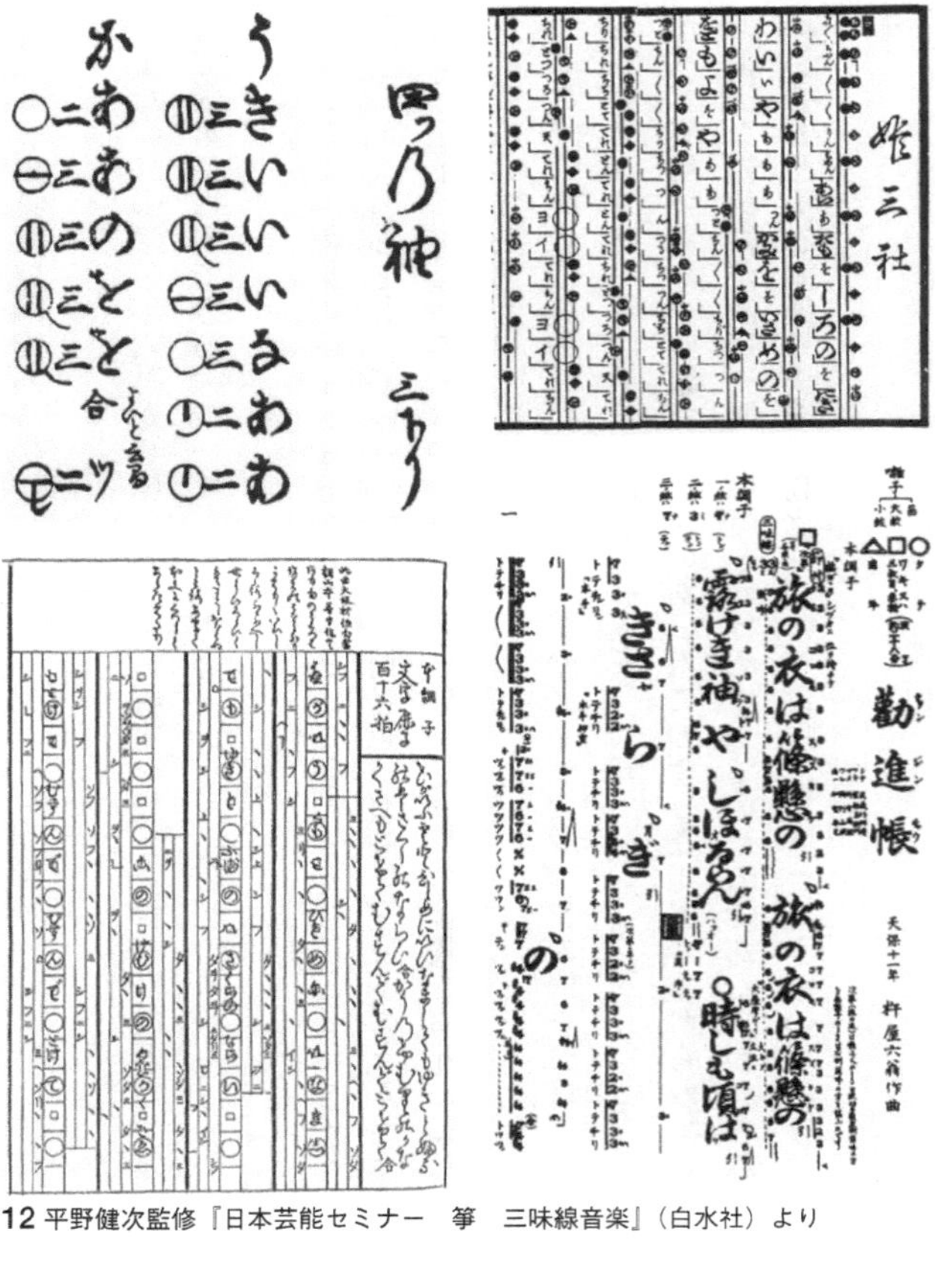

12 平野健次監修『日本芸能セミナー　箏　三味線音楽』（白水社）より

あとがき

一九八八年、国立民族学博物館の梅棹忠夫さんが『中央公論』に、「現代はあたらしく情報産業が展開しつつある時代である。その巨大化と多様化にともなって、かつての工業の時代における技術者群に対応するものとして、広義の編集者群が展開しつつある」と書いてから、はやくも十年以上がたった。もっとも梅棹提言はたいてい十年後を見通した予告型が多いので、ちょうどいまこそが「編集の時代」の幕開けなのかもしれない。

本書の前半でたっぷり説明しておいたように、本来、編集という行為は誰もがやっていることなのである。きのう一日のことをちょっと思い出すときも編集をしているし、主婦が今晩の献立を考えながらスーパーで買い物をしているときも、子供が初めて教えられたゲームに熱中するときも編集はおこっている。法律も巧みな編集構造の上に成立しているのだし、スポーツのルールも編集的にできている。日常会話ですら編集的なのだ。ただふつうは、自分がどのように編集をしているのか、それが取り出せないだけである。

そこで、本書では編集術を取り出すことにした。そして、これを会得するにはどうするかという視点を採ってみた。それには、多少は実際の編集的方法にふれて、これを活用してみる必要もある。新聞の見出しがどのようなつくられかたをしているのか、映画の編集がどうなっているのか、学者の論文がどのように書かれているのか、四コマ漫画のどこが編集的なのか。こういうことに接してみる必要がある。本書では、そのようなことを、私の編集思想の一端を手短に紹介するとともに順に案内した。途中に風変わりな【編集稽古】というものも入れてある。あくまで入門をこころがけておいたが、その狙いはいくらでも高度にもなりうるようになっている。

本書を書いているのとほぼ同時に、「編集の国ＩＳＩＳ」の〝開国〟にむけた準備をしていた。この本の内容もこの国の内容も根底は同じもので、本書が編集術を提供しているのにたいして、この国ではみんなにその編集術を発揮してもらうようになっている。〝入国〟のうえ、ぜひ編集術の成果を発揮していただきたい。

ところで編集は、自分で編集するのもいいのだが、誰かによって編集されることも重要である。編集術は他者に編集されることによって、より洗練されたものになっていく。本書では、私は前半は佐藤とし子さんにコンパイルされ、中間は編集工学研究所のスタッフにエディットされ、最後に杉浦康平さんによってパッケージングされた。記して感謝を申し上げる。

編集稽古の原作と解説

編集稽古04　村上春樹『羊をめぐる冒険』の冒頭シーンは次のように始まっている。「新聞で偶然彼女の死を知った友人が電話で僕にそれを教えてくれた。彼は電話口で朝刊の一段記事をゆっくりと読み上げた」。

編集稽古07　オセローをそそのかしたCはイアーゴー。

編集稽古15　①志賀直哉の日記の一ページ、②室生犀星の伊藤整への葉書、③谷崎潤一郎『春琴抄』の原稿、④井伏鱒二『黒い雨』の原稿、⑤澁澤龍彦『高丘親王航海記』の原稿、⑥安部公房『燃えつきた地図』の原稿。
それぞれ『新潮日本文学アルバム』のシリーズより、①『志賀直哉』②『伊藤整』③『谷崎潤一郎』④『井伏鱒二』⑤『澁澤龍彦』⑥『安部公房』に所収。(写真協力／藤田三男編集事務所、志賀直吉、伊藤貞子、室生朝子、観世恵美子、井伏節代、安部ねり、澁澤龍子)

編集稽古18　「毎日新聞」一九九八年七月十三日一面。(提供／毎日新聞)

編集稽古19　もともとの広告は次のようになっている。
①松下電器産業「ナショナルスチームアイロン　セパレ」②サントリー「サントリーローヤル」③三菱鉛筆「水性顔料マーカー　プロッキー」④オカモト「スキンレスミニ」

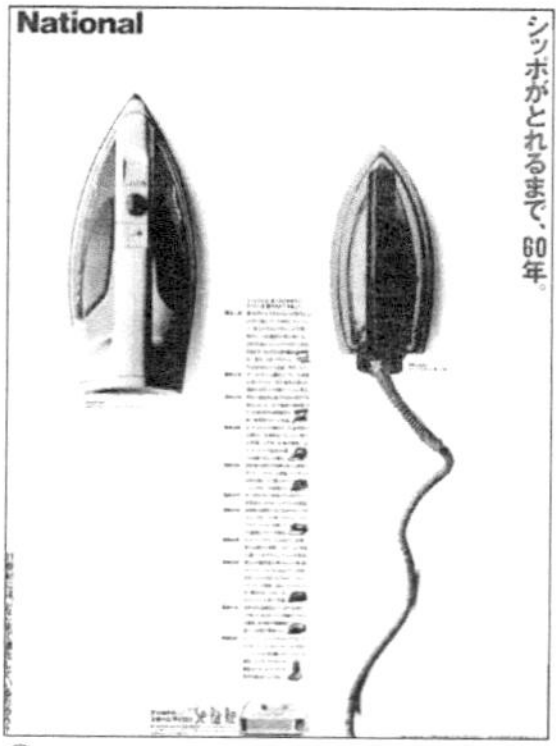
National
シッポがとれるまで、60年。

①

もったいない酒。
友がいい酒をくれた。
心遣いが、もったいない。
飾っておくのは、もったいない。
封を切るのは、もったいない。
ひとりで飲むのは、もったいない。
こんなにいい夜が、もったいない。
こんな気分が、もったいない。
もったいない、もったいないと言いつつ、
瓶はいつしか空になる。
サントリーローヤル

②

いつまでも、かすれない恋がほしい。
PROCKEY

③

男も妊娠すればいいんだ。

④

編集稽古20　植田まさし『かりあげクン』（双葉社）より。

編集稽古22　蕪村の俳句は次の通り。「遅き日のつもりて遠きむかしかな」「春風に阿闍梨の笠のにほひかな」「凧きのふの空のありどころ」「鶯の声遠き日も暮にけり」「帰る雁田ごとの月の曇る夜に」「苗代の色紙に遊ぶかはづかな」「二もとの梅に遅速を愛すかな」「花に遠く桜に近し吉野川」。

編集稽古28　ナチスから逃れてオーストラリアに移ったチャールズ・ブリスはザメンホフのエスペラント語に触発されて、アイソタイプを発展させたシンボリックスにもとづく「セマントグラフィー」を開発した。漢字からの影響もある。それぞれの意味の主要なものは次の通り。
1線、2反復、3リミット、4開く、5閉じる、6扉、7ドアマン、8入口、9出口、10非常口、11部屋、12ルームウェイター、13ルームメイド、14エレベーター、21郵便局、24電報、29自動車、32鉄道、33飛行機、39春、40日曜日、41月曜日、45太陽、46朝、49夕方、50夜、51午後八時三十分、68音楽、69オペラ

N.D.C.002　260p　18cm
ISBN4-06-149485-6

講談社現代新書　1485

知《ち》の編《へん》集《しゅう》術《じゅつ》——発《はっ》想《そう》・思《し》考《こう》を生《う》み出《だ》す技《ぎ》法《ほう》

二〇〇〇年一月二〇日第一刷発行　二〇二四年一一月五日第三三刷発行

著　者　松《まつ》岡《おか》正《せい》剛《ごう》

発行者　篠木和久
発行所　株式会社講談社
東京都文京区音羽二丁目一二―二一　郵便番号一一二―八〇〇一
電　話　〇三―五三九五―三五二一　編集（現代新書）
〇三―五三九五―四四一五　販売
〇三―五三九五―三六一五　業務
カバー・表紙デザイン　中島英樹
印刷所　株式会社KPSプロダクツ
製本所　株式会社KPSプロダクツ
定価はカバーに表示してあります　Printed in Japan

「講談社現代新書」の刊行にあたって

教養は万人が身をもって養い創造すべきものであって、一部の専門家の占有物として、ただ一方的に人々の手もとに配布され伝達されうるものではありません。

しかし、不幸にしてわが国の現状では、教養の重要な養いとなるべき書物は、ほとんど講壇からの天下りや単なる解説に終始し、知識技術を真剣に希求する青少年・学生・一般民衆の根本的な疑問や興味は、けっして十分に答えられ、解きほぐされ、手引きされることがありません。万人の内奥から発した真正の教養への芽ばえが、こうして放置され、むなしく滅びさる運命にゆだねられているのです。

このことは、中・高校だけで教育をおわる人々の成長をはばんでいるだけでなく、大学に進んだり、インテリと目されたりする人々の精神力の健康さえもむしばみ、わが国の文化の実質をまことに脆弱なものにしています。単なる博識以上の根強い思索力・判断力、および確かな技術にささえられた教養を必要とする日本の将来にとって、これは真剣に憂慮されなければならない事態であるといわなければなりません。

わたしたちの「講談社現代新書」は、この事態の克服を意図して計画されたものです。これによってわたしたちは、講壇からの天下りでもなく、単なる解説書でもない、もっぱら万人の魂に生ずる初発的かつ根本的な問題をとらえ、掘り起こし、手引きし、しかも最新の知識への展望を万人に確立させる書物を、新しく世の中に送り出したいと念願しています。

わたしたちは、創業以来民衆を対象とする啓蒙の仕事に専心してきた講談社にとって、これこそもっともふさわしい課題であり、伝統ある出版社としての義務でもあると考えているのです。

一九六四年四月　　野間省一

知的生活のヒント

日本語・日本文化

105 タテ社会の人間関係 中根千枝
293 日本人の意識構造——会田雄次
444 出雲神話——松前健
1193 漢字の字源——阿辻哲次
1200 外国語としての日本語——佐々木瑞枝
1239 武士道とエロス——氏家幹人
1262 「世間」とは何か——阿部謹也
1432 江戸の性風俗——氏家幹人
1448 日本人のしつけは衰退したか——広田照幸
1738 大人のための文章教室 清水義範
1943 なぜ日本人は学ばなくなったのか——齋藤孝
1960 女装と日本人——三橋順子
2006 「空気」と「世間」——鴻上尚史
2013 日本語という外国語 荒川洋平
2067 日本料理の贅沢——神田裕行
2092 新書 沖縄読本——下川裕治 仲村清司 著・編
2127 ラーメンと愛国——速水健朗
2173 日本人のための日本語文法入門——原沢伊都夫
2200 漢字雑談——高島俊男
2233 ユーミンの罪——酒井順子
2304 アイヌ学入門——瀬川拓郎
2309 クール・ジャパン!? 鴻上尚史
2391 げんきな日本論——橋爪大三郎 大澤真幸
2419 京都のおねだん——大野裕之
2440 山本七平の思想——東谷暁

日本史Ⅰ

Ⓖ

日本史Ⅱ

哲学・思想Ⅰ

哲学・思想Ⅱ

世界史Ⅰ

世界史Ⅱ

959 東インド会社――浅田實
971 文化大革命――矢吹晋
1085 アラブとイスラエル 高橋和夫
1099 「民族」で読むアメリカ 野村達朗
1231 キング牧師とマルコムX 上坂昇
1306 モンゴル帝国の興亡〈上〉――杉山正明
1307 モンゴル帝国の興亡〈下〉――杉山正明
1366 新書アフリカ史――宮本正興 松田素二 編
1588 現代アラブの社会思想 池内恵
1746 中国の大盗賊・完全版――高島俊男
1761 中国文明の歴史――岡田英弘
1769 まんが パレスチナ問題 山井教雄
1811 歴史を学ぶということ 入江昭
1932 都市計画の世界史――日端康雄
1966 〈満洲〉の歴史――小林英夫
2018 古代中国の虚像と実像 落合淳思
2025 まんが 現代史――山井教雄
2053 〈中東〉の考え方――酒井啓子
2120 居酒屋の世界史――下田淳
2182 おどろきの中国 橋爪大三郎 大澤真幸 宮台真司
2189 世界史の中のパレスチナ問題 臼杵陽
2257 歴史家が見る現代世界 入江昭
2301 高層建築物の世界史 大澤昭彦
2331 続 まんが パレスチナ問題 山井教雄
2338 世界史を変えた薬 佐藤健太郎
2345 鄧小平――エズラ・F・ヴォーゲル 聞き手＝橋爪大三郎
2386 〈情報〉帝国の興亡――玉木俊明
2409 〈軍〉の中国史――澁谷由里
2410 入門 東南アジア近現代史 岩崎育夫
2445 珈琲の世界史――旦部幸博
2457 世界神話学入門――後藤明
2459 9・11後の現代史 酒井啓子

世界の言語・文化・地理

趣味・芸術・スポーツ